F. Schwenk

Das Simonideische Gedicht in Platons - Protagoras

F. Schwenk

Das Simonideische Gedicht in Platons - Protagoras

ISBN/EAN: 9783743395695

Hergestellt in Europa, USA, Kanada, Australien, Japan

Cover: Foto ©Thomas Meinert / pixelio.de

Weitere Bücher finden Sie auf **www.hansebooks.com**

Jahresbericht

des

k. k. ersten Staats-Gymnasiums

in Graz.

Veröffentlicht

am Schlusse des Studien-Jahres

1889

vom

Director Dr. Ferdinand Maurer.

Inhalt:

GRAZ.

Das Simonideische Gedicht in Platons Protagoras und die Versuche, dasselbe zu reconstruieren.

Sagt, wo sind die Vortrefflichen hin, wo find' ich die Sänger,
Die mit dem lebenden Wort horchende Völker entzückt,
Die vom Himmel den Gott, zum Himmel den Menschen gesungen
Und getragen den Geist hoch auf den Flügeln des Lieds?

Schiller.

Das Simonideische Gedicht, welches im Platonischen Protagoras p. 339 A bis 347 A zur Besprechung kommt, und von dem dort einzelne Theile getrennt angeführt werden, hat bekanntlich mannigfache Bearbeitung erfahren. Man hat unter anderem mehrfach versucht, es zu reconstruieren; wie aber die in jüngster Zeit erschienene Abhandlung von J. Aars [1] beweist, ist die endgiltige Lösung nicht gefunden [2]. Warum nicht? Worin liegt die Schwierigkeit?

Berücksichtigt man zunächst nur diejenigen Arbeiten, bei welchen es auf eine möglichst vollständige Herstellung des Gedichtes abgesehen war, und lässt auch C. G. Heynes Versuch [3] seiner entschiedenen Unzulänglichkeit wegen [4] vorläufig aus der Rechnung, so kommen noch die Ansichten G. Hermanns [5], A. Böckhs [6], Th. Bergks [7], J. A. Hartungs [8], F. Blass' [9] und J. Aars' in Betracht.

Von diesen sechs Versuchen, das Gedicht soweit möglich zu restituieren, hat der von Aars gemachte, so viel mir bekannt, allgemein Anerkennung gefunden, während vor ihm die Stimmen getheilt waren [10].

Im Protagoras gelangen zehn [11] verschiedene Theile des Gedichtes zur Behandlung [12]. Will man das ursprüngliche Gedicht aus denselben herstellen,

---

[1] Das Gedicht des Simonides in Platons Protagoras. (Christiania Videnskabs-Selskabs Forhandlinger 1888 Nr. 5.) Christiania 1888.

[2] Conf. N. phil. Rundsch. Gotha 1888 Nr. 26, p. 401—402 (Rec. J. Sitzler); Deutsche Literaturz. X. Jahrg. Nr. 4, p. 127—128 (Rec. E. Hiller); Jahresb. Bursian-Müller XVI. Jahrg. 7. u. 8. H., p. 180 f. (Rec. E. Hiller); Wochenschr. f. class. Phil. VI. Jahrg. Nr. 13, p. 345 f. (Rec. H. H.); Revue critique 1889 Nr. 18, p. 343 (Rec. A. Martin).

[3] Opusc. acad. Gotting. 1785—1812, I., p. 160 ff.

[4] Heyne hat die Worte: πρᾶξας—κακῶς (Prot. 344 E) nicht als simonideisch erkannt; er arbeitete daher mit unvollständigem Material, cf. F. Schleiermacher, Plat. Werke I, 1, 3. Aufl. Berlin 1855, p. 270 ff.

[5] Plat. dial. sel. c. L. F. Heindorfii, vol. IV., Berlin 1809, p. 598 ff. — Schleiermacher bemerkt p. 272 über Hermanns Bemühung, sie habe seiner Arbeit die Krone aufgesetzt. —

[6] De metr. Pind. l. III (Ausg. d. Pind. Lips. 1811—21, t. I, p. II., p. 337 f.).

[7] Poët. lyr. Gr. r. Th. Bergk, ed. IV. vol. III., Lips 1882, p. 385—389.

[8] Die griech. Lyriker. VI. Leipzig 1858, p. 148—152 — von Aars nicht erwähnt. —

[9] Rhein. Mus. N. F., 27. Bd. Frankf. a. M. 1872, p. 326—32.

[10] Die Herausgeber des Protagoras citieren das Gedicht zumeist so, wie es Schneidewin hergestellt, cf. p. 4, A. 2. — Am wenigsten hat Hartung Anklang gefunden. —

[11] eilf nach Bergk und Blass, zwölf nach Hartung.

[12] Conf. M. Schanz, Plat. op. vol. VII. Lips. 1880, p. 85—95.

so ist vor allem die Frage zu beantworten, in welcher Folge diese Theile im Originale gestanden haben.

Obgenannte Versuche, das Gedicht zu reconstruieren, unterscheiden sich der Hauptsache nach darin, dass die im Protagoras p. 346 C angeführten Worte des Dichters: ἔμοιγ' ἐξαρκεῖ . . . γενέθλα und πάντα . . . μέμικται bei Bergk [1] und Blass als zweites und drittes, bei Hermann und Böckh [2] als siebentes und achtes, bei Hartung [3] und Aars als neuntes und zehntes Stück in der Folge des Gedichtes erscheinen, an welcher letzteren Stelle sie auch im Platon citiert werden. Durch diese Abweichung von der überlieferten Ordnung sind auch metrische Verschiedenheiten bedingt, welche wiederum eine theilweise andere Gestaltung des Textes zur Folge haben.

Seit Schleiermacher [4] Heynes unvollständige Arbeit berichtigt hat, ist es wohl vergebliches Bemühen, eine weitere Ergänzung des Gedichts im Protagoras finden zu wollen [5]; auch andere Schriftsteller des Alterthums führen nur solche Theile des Gedichtes an, die auch im Protagoras erhalten [6], somit muss man sich bei der Entscheidung der Frage, an welcher Stelle des Gedichtes die oben erwähnten Worte gestanden, mit dem Vorhandenen bescheiden.

Das Nächstliegende wäre, dass man die Theile des Gedichtes aneinanderpasst — wie man es etwa mit einem zerbrochenen Gefäße thut, dessen Form wiederhergestellt werden soll — so lange, bis man die Lösung gefunden. Allein bald gibt man den Versuch auf, denn es zeigt sich, dass eine verschiedene Gruppierung möglich [7], und man sieht sich genöthigt, nach der ursprünglichen Form des Gedichtes zu fragen. Die Antwort der Alten lautet wieder so unbestimmt, dass Hermann, Böckh, Schneidewin und Hartung das Gedicht als Epinikion, Bergk als Paraenetikon (p. 386 aliaque id genus), Blass als Skolion, Aars als Enkomion oder Skolion erklären konnten [8]. Trotzdem haben diese unbestimmten Angaben bisher zumeist (Bergk und Blass ausgenommen) den Ausgangspunkt bei der Reconstruction abgegeben.

Ich gehe zunächst nur von Plato aus. Vielleicht verräth doch der Protagoras des Platon, wie die Theile zu gruppieren seien und damit, welche Form

---

[1] Bergk hat diese Anordnung nur „dubitanter“ vorgenommen (2. Aufl. 1853, p. 869; 3. Aufl. 1867, p. 1116); auch in der 4. Aufl., p. 386, idque etiam nunc teneo.

[2] Nach ihnen F. G. Schneidewin in Sim. Cei carm. rel. Brunsvig. 1835, p. 17, und Del. p. Gr. Gotting. 1838—39, p. 379 f., der auch die Epode, welche Böckh übergangen (omissa epodo, p. 337), anders als Hermann gestaltet. — H. Sauppe, Pl. ausg. D. H. 3. Aufl. Berlin 1873, weicht im einzelnen von ihm ab und spricht sich p. 22 gegen Bergk und Blass aus. — Ähnlich J. S. Kroschel, Pl. Prot. rec. etc. Lips. 1845.

[3] Von Bergk beeinflusst (v. P. l. Gr. 4. Aufl., p. 385).

[4] l. l. 269—272.

[5] Hartung hat aus p. 346 E und 347 A nach Gutdünken, wie er sagt, die Verse gezogen: οὐδ' ἂν . . . σ' ἔψεγον; Blass und Bergk haben οὐ γάρ εἰμι φιλόμωμος, wie auch ἔμοιγ' ἐξαρκεῖ ausgeschieden.

[6] v. Schneidewin und Bergk l. l.

[7] Dies zeigt auch ein unbefangener Blick auf jeden der sechs Versuche.

[8] Nicht, wie E. Hiller (D L., p. 128) sagt, als Skolion. — Bernhardy, Grundriss d. gr. L. II. t. I. 3. Abth. Halle 1867, p. 700, meint Epinikos oder Enkomion; Flach, Gesch. d. gr. Lyr. II. Tübingen 1884, p. 631—634, Enkomion u. a.

das Gedicht ursprünglich gehabt? — Wenn ja, dann wäre wieder einmal dasjenige, was am nächsten liegt, am spätesten aufgeschlossen.

A. Böckh hat in seiner Abhandlung „Über die kritische Behandlung der Pindarischen Gedichte“ [1] p. 264 auf den Cirkel hingewiesen, der zwischen Hermeneutik und Kritik sich oft ergibt. Wenn je, so passten Böckhs Worte auf dieses Gedicht, das, von so bedeutenden philologischen Talenten bearbeitet, immer wieder in anderer Gestalt erschien. — Daher ist Vorsicht nöthig und ein Standpunkt zu wählen, wie ihn, beiläufig gesagt, K. Lachmann [2] der Ilias gegenüber eingenommen hat.

Fragen wir also zunächst [3]: In welcher Weise und zu welchem Zwecke bringt Platon das Gedicht im Protagoras zur Sprache?

p. 339 A lässt er den Protagoras, der die Fähigkeit, Dichter zu erklären, als ein Haupterfordernis der Bildung bezeichnet und sich gegen den etwaigen Vorwurf, dass er vom Thema abgehe, verwahrt hat, das erste Stück citieren, mit den Worten: λέγει γάρ που Σιμωνίδης πρὸς Σκόπαν, τὸν Κρέοντος υἱὸν τοῦ Θετταλοῦ. ὅτι ἄνδρ' — — — — τετυγμένον und bald darauf (339 C) das zweite Stück: οἶσθα οὖν, ἔφη, ὅτι προϊόντος τοῦ ᾄσματος λέγει που· οὐδέ μοι — — — ἔμμεναι. Sokrates sucht sodann im Verein mit Prodikos den von Protagoras in diesen beiden Stücken vermeintlich entdeckten Widerspruch zurückzuweisen und citiert mit den Worten: ἐπεὶ ὅτι γε Σιμωνίδης οὐ λέγει τὸ χαλεπὸν κακόν, μέγα τεκμήριόν ἐστιν εὐθὺς τὸ μετὰ τοῦτο ῥῆμα· λέγει γὰρ ὅτι θεὸς ... γέρας, das dritte Stück.

In dem Gedichte ist nicht nur kein Widerspruch zu finden, meint er, vielmehr ist ein und derselbe Gedanke durchwegs festgehalten (343 C εἰς τοῦτο — — — ἅπαν τὸ ᾆσμα πεποίηκεν, ὥς μοι φαίνεται). [4] Nachdem er sodann die äußeren Gründe angegeben, die ihn zu der p. 343 BC ausgesprochenen Ansicht über das Gedicht bestimmen, unternimmt er den Nachweis, dass der Dichter die Worte wohl gewählt und den Grundgedanken stets vor Augen gehabt hat. Er geht auch auf grammatische Dinge (μέν) ein — vgl. Goethe: Willst du dich am Ganzen erquicken, musst du das Ganze im Kleinsten erblicken —, kommt jedoch schon p. 344 A zur Überzeugung, dass die Erörterung, in der begonnenen Weise fortgeführt, zu lange währen würde; daher sagt er p. 344 B: ἀλλὰ μακρὸν ἂν εἴη αὐτὸ οὕτω διελθεῖν· ἀλλὰ τὸν τύπον αὐτοῦ τὸν ὅλον διεξέλθωμεν καὶ τὴν βούλησιν. ὅτι παντὸς μᾶλλον ἔλεγχός ἐστιν τοῦ Πιττακείου ῥήματος διὰ παντὸς τοῦ ᾄσματος. Was heißt nun τύπος? Von τύπτω abgeleitet, bedeutet es das durch Schlag, Hämmern Hervorgebrachte, Gestalt, Umriss. [5] Die angeführte Stelle ist daher

[1] Abgedr. i. Abh. d. K. Akad. d. Wiss. Berlin 1825, p. 261—395.

[2] Betrachtungen über Homers Ilias m. Zus. v. M. Haupt. 3. Aufl. Berlin 1874.

[3] Auch Aars sagt p. 8: Scheint es doch a priori am gerathensten, der Platonischen Ordnung zu folgen, insoweit der Gedanken-Zusammenhang dies nicht unmöglich macht oder etwas anderes fordert. — Ehe die Art und Weise wie auch die Absicht, in der die Citate gegeben sind, nicht gehörig erforscht und aufgeklärt sind, kann an ein Urtheil über die Zusammengehörigkeit der zehn Stücke nicht gedacht werden. Der Verf.

[4] Die Frage, ob die Erklärung des Sokrates ernst- oder scherzhaft zu nehmen sei, gehört nicht hieher, cf. p. 11.

[5] Vgl. τυπόω (formo, fingo) Prot. 320 D, Theaet. 194 B, Soph. 239 D, leg. II. 656 E, IV 718 C, VII 803 E, 816 C, Tim. 50 C, rep. III 414 A, VI 491 C, VIII 559 A, Phil. 32 B, 61 A.

so zu verstehen: Dass diese meine Exegese zu dem ἀλαθέως richtig ist, beweist alles in dem Gedichte Folgende; und wie ich gezeigt, dass das ἀλαθέως γενέσθαι richtig gesagt ist, so könnte ich auch von allem Folgenden, das etwa Bedenken hervorrufen könnte, darthun, dass der Dichter die Worte wohl gewählt hat[1]. Allein das Lied so (οὕτω) bis ins Einzelne durchzugehen[2], wäre zu weitläufig[3]. Wir wollen daher im Folgenden das Gedicht nur im Umriss behandeln und dabei uns stets die Absicht vergegenwärtigen, die den Dichter bei der Abfassung des Gedichtes beseelt hat. Dabei wird sich zeigen, dass sicherlich (παντὸς μᾶλλον) die Widerlegung des pittakeischen Spruches sich durch das ganze Gedicht (διὰ παντὸς τοῦ ᾄσματος) wie ein rother Faden zieht.

Die folgenden Auseinandersetzungen enthalten die Ausführung dieses Vorsatzes; denn von einem Abgehen von demselben ist keine Rede und ein Missverständnis derselben nicht wohl möglich. Die bereits angeführten Stücke des Gedichtes (die beiden ersten durch Protagoras, das dritte von Sokrates) werden, in Prosa (ὡς ἂν εἰ λέγοι λόγον 344 B) umgesetzt, p. 344 BC[4] abgethan, also nur dem Inhalte nach wiederholt[5], sodann gelangen die übrigen sieben Stücke der Reihe nach zur Behandlung, und zwar wird jedes zuerst wortgetreu angeführt, worauf (nicht beim sechsten) der Beweis folgt[6], dass es mit der von Sokrates ausgesprochenen Ansicht von der Meinung des Dichters übereinstimmt — ohne genaue grammatisch-rhetorische Analyse. Den Schluss machen die Worte (347 A): ταῦτά μοι δοκεῖ, ὦ Πρόδικε καὶ Πρωταγόρα, ἦν δ᾽ ἐγώ, Σιμωνίδης διανοούμενος πεποιηκέναι τοῦτο τὸ ᾆσμα.

In dieser Weise wird das Gedicht im Protagoras besprochen zu dem Zwecke, damit die Methode der Sophisten, durch Dichter-Erklärung Kenntnisse vermitteln zu wollen, als nichtig und lächerlich erscheine. Protagoras wird völliger Mangel an Logik nachgewiesen, da er einen Widerspruch zu finden meint, wo ein solcher nicht zu finden ist, und gänzliche Unfähigkeit, Gedichte zu erklären[7], da er seine eigenen Gedanken in denselben finden will[8].

Betrachtet man so den Gang des Gesprächs im Protagoras, so drängt sich die Vermuthung auf, dass die oben erwähnten zehn Stücke in der Reihenfolge, in der dieselben im Protagoras zur Behandlung kommen, auch im Gedichte gestanden haben müssen[9], — man hat sich nur zu hüten, dass man so, wie

[1] Conf. 344 A πολλὰ μὲν γάρ ἐστι καὶ περὶ ἑκάστου τῶν ἐν τῷ ᾄσματι εἰρημένων ἀποδεῖξαι, ὡς εὖ πεποίηται· πάνυ γὰρ χαριέντως καὶ μεμελημένως ἔχει.

[2] Er hat nur μέν und die Stellung des ἀλαθέως erörtert.

[3] Wohl auch deshalb, weil Dichter-Erklärung nach Sokrates' Ansicht (347 CD) für Ermittlung der Wahrheit einen unsicheren Boden gibt; vgl. Stallbaum II s. II. ed. II. Gothae 1840 zu 344 B.

[4] ὅτι γενέσθαι . . . γέρας.

[5] Über οἷόν τε μέντοι ἐπί γε χρόνον τινά cf. p. 12 f. Cf. Heindorf und Stallbaum z. d. St

[6] Das 7. und 8. Stück, ebenso das 9. und 10. werden zusammengezogen

[7] Und doch soll Protagoras nach Themist. XXXII p 289 (Hardouin) gerade durch Erklärung der Gedichte des Simonides viel Geld verdient haben: vgl. Welker, Kl. Schr. z. gr. L. II. Bonn 1844: p. 437.

[8] Conf. F. Susemihl, Die genet. Entw. etc. Leipzig 1855. I, p. 51.

[9] Eine Vermuthung, die auch Aars p. 5 ausspricht, veranlasst vielleicht durch Bonghi, Dialoghi di Platone tradotti III (cf. p. 8), eine Schrift, welche mir nicht mehr erreichbar war. Derselben Vermuthung folgte schon vor ihm Hartung (me auctore Bergk p. 385).

Sokrates in seinen erklärenden Auseinandersetzungen die Gedanken des Dichters durcheinanderwirft [1], auch die Theile des Gedichtes mischt und ferner, dass das ganze Gedicht im Protagoras angeführt sei [2].

E. Hiller [3] hat in seiner Recension des Aars'schen Aufsatzes mit allem Vorbehalt die Vermuthung geäußert, dass Plato nicht jedesmal (d. h. nicht bei jeder Stelle des Gedichtes, die er anführte) den Simonides Text zuzog, sondern sich zum Theil auf sein Gedächtnis verließ ein Gedanke, der auch manchem der bisherigen Bearbeiter des Gedichtes vorgeschwebt haben mag. Mit dieser Frage hat sich, zum Theil wenigstens, in neuerer Zeit K. Fischer [4] beschäftigt. Derselbe beweist, dass Plato oft Dichterstellen aus dem Gedächtnisse citiert haben muss [5], da sich in denselben mannigfache Änderungen finden, und bei der genauen Kenntnis, welche bekanntlich die Griechen von den Werken ihrer Dichter besaßen [6], ist dies ganz natürlich; überhaupt sind ja die Alten mit dem literarischen Eigenthum anderer sehr frei umgegangen [7]. Dass aber Plato ein Gedicht auch nur theilweise habe aus dem Gedächtnisse niederschreiben wollen, wie das vorliegende, und dies an einer Stelle, wo es gerade auf den strengen Wortlaut ankam [8] — Sokrates erklärt sehr genau — ist doch nicht glaublich. Man sehe sich nur den Index in der Schweizer-Ausgabe [9] an; welches Gedächtnis müsste Plato gehabt haben, hätte er da einen größeren Theil aus dem Gedächtnisse citiert? — p. 339 A stehen die Worte des Protagoras: περὶ ἐπῶν δεινὸν εἶναι· ἔστι δὲ τοῦτο τὰ ὑπὸ τῶν ποιητῶν λεγόμενα οἷόν τ' εἶναι συνιέναι, ἅ τε ὀρθῶς πεποίηται καὶ ἃ μή, καὶ ἐπίστασθαι διελεῖν τε καὶ ἐρωτώμενον λόγον δοῦναι. Die Entgegnung des Sokrates auf dieselben lautet (p. 341 E—342 A): ἀλλ' ἅ μοι δοκεῖ διανοεῖσθαι Σιμωνίδης ἐν τούτῳ τῷ ᾄσματι ἐθέλω σοι εἰπεῖν, εἰ βούλει λαβεῖν μου πεῖραν, ὅπως ἔχω, ὃ σὺ λέγεις τοῦτο περὶ ἐπῶν. ἐὰν δὲ βούλῃ, σοῦ ἀκούσομαι. ὁ μὲν οὖν Πρωταγόρας ἀκούσας μου ταῦτα λέγοντος. Εἰ σὺ βούλει, ἔφη, ὦ Σώκρατες· ὁ δὲ Πρόδικός τε καὶ ὁ Ἱππίας ἐκελευέτην πάνυ καὶ οἱ ἄλλοι. Ἐγὼ τοίνυν, ἦν δ' ἐγώ, ἅ γ' ἐμοὶ δοκεῖ περὶ τοῦ ᾄσματος τούτου, πειράσομαι ὑμῖν διεξελθεῖν [10]. Sokrates erklärt sich also bereit, nicht nur dem Protagoras, sondern allen Anwesenden eine Musterprobe von Dichter-Erklärung zu geben, zu zeigen, wie nach seiner Meinung ein Gedicht ausgelegt werden müsse, und beginnt darauf seine Erklärung. Daraus kann man fürs erste schließen, dass die Anführungen aus dem Gedichte wörtliche

---

[1] Wie jeder, der ein Gedicht in Prosa umsetzt. — Dahin gehört z. B. p. 343 E: ὥσπερ ἂν εἰ θεῖμεν . . . λέγεις.

[2] Dieselbe Vermuthung spricht Bergk aus, wenn er p. 385 sagt: quod fere integrum servatum etc.

[3] Bursian l. c. p. 181 — vielleicht durch Aars p. 8 veranlasst.

[4] Über die Dichterstellen bei Plato, Lemberg 1877, bes. p. 37.

[5] Man vgl. auch Rep. III, 408 A, mit Il. IV, 218.

[6] Dafür sorgte schon die Schule im Alterthum in höherem Grade als die Neuzeit, und zwar wurden nicht allein epische Gedichte gelernt, sondern auch lyrische, seit die Rhapsoden das Beispiel gegeben; cf. Th. Bergk, Gr. L. I. Berlin 1872, p. 493

[7] Vgl u. a. A. Heinrich, Lukian und Horaz, Graz 1885.

[8] Vielleicht ist das Gedicht absichtlich gewählt, um den Protagoras schlagend zu widerlegen; cf. p. 6, A. 7. — Wenn man einige Zuthaten schliesslich zugeben muss, warum sollen dieselben nicht eher durch die schlechte Überlieferung veranlasst sein? Cf. p. 15.

[9] Plat. op. rec. J. G. Baiterus, J. C. Orellius, A. G. Winckelmannus. Turici 1839, p. 1061—66.

[10] διεξελθεῖν sagt er, nicht εἰπεῖν o. ähnl.

sein müssen [1], und fürs zweite, dass Sokrates das ganze Gedicht zur Sprache bringen musste. Citierte er nicht wörtlich, so musste denjenigen Zuhörern, welche das Gedicht etwa nicht kannten, zum mindesten der gestörte Rhythmus auffallen; besprach er nur einen Theil des Gedichtes oder warf er die Theile des Gedichtes durcheinander, so musste er von Seite der Zuhörer auf nachträgliche verblüffende Fragen oder den Vorwurf gefasst sein, dass auch ihm Kunststücke, die er den Sophisten zum Vorwurfe macht [2], nicht ungewohnt. Ein Beispiel eines solchen verblüffenden Einwurfs haben wir 339 E: εἰπὼν οὖν ταῦτα πολλοῖς θόρυβον παρέσχεν καὶ ἔπαινον τῶν ἀκουόντων. καὶ ἐγὼ τὸ μὲν πρῶτον, ὥσπερεὶ ὑπὸ ἀγαθοῦ πύκτου πληγείς, ἐσκοτώθην τε καὶ εἰλιγγίασα εἰπόντος αὐτοῦ ταῦτα καὶ τῶν ἄλλων ἐπιθορυβησάντων [3]. — Dies alles musste Plato doch vorschweben, als er das Gedicht zur Sprache brachte. — Thatsächlich spricht sich Sokrates nie so aus, dass man zur Annahme berechtigt wäre, er habe das Gedicht nur theilweise behandeln wollen [4], während Protagoras gleich zur Hand ist mit seinem ὀλίγα διελθών.

Wie dann p. 347 A Sokrates die Erklärung des Gedichtes beendet hat, weiß Hippias nur zu sagen, er (Sokrates) habe das Gedicht gut erklärt, doch könne auch er (Hippias) darüber reden; während Protagoras nichts einzuwenden weiß. — Wenn ferner Protagoras p. 339 B den Sokrates fragt: τοῦτο ἐπίστασαι τὸ ᾆσμα ἢ πάν σοι διεξέλθω [5]: und Sokrates erwidert: οὐδὲν δεῖ· ἐπίσταμαί τε γάρ, καὶ πάνυ μοι τυγχάνει μεμεληκὸς τοῦ ᾄσματος [6], und weiter behauptet „πάνυ καλῶς τε καὶ ὀρθῶς“ sei das Lied gedichtet, so musste er dies auch beweisen, um den Protagoras völlig zu widerlegen [7]. — Und wie steht es dann mit den Wendungen: τὰ ἐπιόντα γε τοῦ ᾄσματος 345 C: τὰ ἐπιόντα πάντα 344 A. mit denen man vergleichen mag: τῆς ἐπιούσης ἡμέρας (νυκτός) Krit. p. 44 A, 46 A; οἵ γε ἐπιόντες λόγοι leg. VI p. 767 D: τοῦ ἐπιόντος ἀεὶ χρόνου, ἐν τῷ ἐπιόντι χρόνῳ. τὸν ἐπιόντα ἐνιαυτόν leg. VI p. 769 E; τῶν ἐπιόντων ὀνομάτων Soph. p. 257 B, welche sehr wohl bedeuten „das unmittelbar Folgende“, eine Fassung, gegen welche sich Blass sträubt. [8] Man nehme dazu noch ἅπαν τὸ ᾆσμα 343 C; δι᾽ ὅλου τοῦ ᾄσματος 345 C; διὰ παντὸς τοῦ ᾄσματος 344 B; nirgends ist von einer nur theilweisen Behandlung

[1] Protagoras kannte das Gedicht jedenfalls genau; cf. p. 6, A. 7; er war also ein nicht zu unterschätzender Gegner. — Man denke sich eine solche Discussion über ein wohlbekanntes deutsches Gedicht. —

[2] Ein ähnliches hat soeben Protagoras produciert, wie Sokrates beweist.

[3] Cf. p. 339 C: καὶ ἅμα μέντοι ἐφοβούμην, μή τι λέγοι.

[4] Wenn man eben nicht aus den Erklärungen des Sokrates dafür den Beweis holt; — cf. p. 9 m. A. 4.

[5] διεξέλθω heißt hier wohl citieren.

[6] Vgl. auch p. 339 C: ἔσκεμμαι ἱκανῶς und p. 344 B: πάνυ γὰρ χαριέντως καὶ μεμελημένως ἔχει.

[7] Vgl p. 317 A: ταῦτά μοι δοκεῖ — — — ᾆσμα.

[8] p. 327: Denn die Worte des Sokrates τὰ ἐπιόντα γε τοῦ ᾄσματος ἔτι μᾶλλον δηλοῖ lassen ebenso wenig wie unser deutsches: das Folgende, eine andere Auffassung zu, wiewohl Sauppe (Prot. p. 22, A) dies leugnet und sich auf 344 A τὰ ἐπιόντα πάντα beruft. Denn dies bezieht sich auf keine bestimmten Verse, sondern auf den ganzen Rest des Gedichtes nach den beiden Anfangsversen, von dem er übrigens, wie er unmittelbar darauf erklärt, nicht Stück für Stück erläutern, sondern in freierer Weise den allgemeinen Sinn darlegen will. — Ob man das, was nach Hinwegnahme von zwei Versen übrig bleibt, richtig einen Rest nennt (nach Blass 26 Verse) mag dahin gestellt bleiben; von der freien Weise der Darlegung, wie Bergk und Blass sie annehmen, kann ich die Spur nicht entdecken; übrigens vgl. Bergk p. 386, quamvis . . . desit.

die Rede [1]. Ich meine, Plato hatte wohl keine Ahnung, dass diese Verbindungen missverstanden werden könnten; spricht er doch sehr bestimmt, wenn er eine Lücke im Gedichte lässt (vgl. p. 339 D: τὸ μὲν πρῶτον . . . ὀλίγον δὲ τοῦ ποιήματος εἰς τὸ πρόσθεν προελθὼν ἐπελάθετο; 344 B: ὀλίγα διελθών; 346 C: ταῦτα δὴ καὶ τῷ Πιττακῷ λέγει; 339 C: προϊόντος τοῦ ᾄσματος) oder deutet unmittelbar Folgendes unzweideutig an (vgl. 344 E: εὐθὺς τὸ μετὰ τοῦτο ῥῆμα).

Durch solche nicht misszuverstehende Wendungen wird ein ganz bestimmter Platz angewiesen den Stücken: I, dem II. bald nach dem I., dem III. unmittelbar nach dem II. Bei den übrigen wird die unmittelbare Folge als selbstverständlich angenommen [2] (IV, V, VI [ταῦτα πάντα . . . τὰ ἐπιόντα 345 C], VII, VIII [ταῦτα δὴ καὶ 346 C], IX, X).

Nach dem Gesagten lässt sich also im Protagoras nichts finden, woraus es wahrscheinlich würde, dass Plato die Theile des Gedichtes durcheinandergeworfen, [3] wenn man sich nicht zu den Erklärungen des Sokrates verirrt, [4] in denen allerdings die Gedanken des Gedichtes mannigfach umgestellt erscheinen, so dass man aus denselben für diametral entgegengesetzte Ansichten die Beweise holen kann.

Betrachten wir nun den Gedankengehalt der zehn Stücke. Passen dieselben in der Reihenfolge, in welcher sie Plato anführt, zu einander?

Das erste Stück lautet: Als wahrhaft guten [5] Mann im einzelnen Falle sich zu zeigen [6], ist schwer, als tüchtigen an Hand und Fuß und Sinn und tadellos gebildeten. — Darauf folgt eine kleine Lücke (ὀλίγα διελθών 344 B, ὀλίγον προελθών 339 D), die, nach den Worten des Sokrates p. 344 B zu schließen, den Gedanken οἷόν τε μέντοι ἐπί γε χρόνον τινά zum Inhalte hatte (vgl. auch 344 E: δυνατόν δέ). — Vollkommen sinngemäß schließt sich daran das zweite Stück: Nicht aber halte ich für sorgfältig gewählt des Pittakos Wort [7], obwohl von einem weisen Manne gesprochen: schwer (statt unmöglich) ist es, sagt er, tugendhaft (dauernd) zu sein. [8] Ebenso wenig lässt sich am Zusammenhange der übrigen acht Stücke Anstoß nehmen. III. Gott allein wohl besitzt diese

---

[1] Eine schärfere Betonung solcher Ausdrücke bei der Herstellung des Gedichtes hat auch H. H., Wochenschr. f. class. Phil., l. c. p. 346, verlangt.

[2] Vgl. p. 6; vgl. dagegen Blass p. 326: Dies folgere ich . . . bildeten.

[3] So Hartung, der Worte, die offenbar dem erklärenden Sokrates angehören, nach Gutdünken ins Gedicht gesetzt hat.

[4] Vgl. dagegen Schleiermacher p. 272 zu p. 346 C (von Hermann, Böckh und Sauppe acclamiert): „Die Wiederholung der folgenden, schon einmal dagewesenen Stelle lässt vermuthen, dass sie der Ordnung nach erst hieher gehört und oben nur anticipiert worden, gleichsam als wäre es ursprünglich nicht des Sokrates Absicht gewesen, so ausführlich über das Gedicht zu reden.“ — Dagegen Bergk p. 386: „Illud omnino improbandum, quod Schleiermacher censet . . . disposuisse“ — und Blass p. 327: „Denn wenn Sauppe hiernach das Stück vor dieser Strophe einschiebt, so haben die, welche es an die letzte Stelle bringen, hierfür einen ganz gleichen Grund . . . Aber hier wie dort verknüpft Sokrates lediglich die Gedanken, die er in dem Gedichte findet, und thut dies naturgemäß in freierer Weise . . .“

[5] ἀγαθός gut in jeder Beziehung, äußerlich und innerlich, ἐσθλός tugendhaft.

[6] Cf. K. O. Müller, G. d. gr. L. 3. Ausg. b. v. E. Heitz, p. 354 A, 101; cf. p. 344 B: γενέσθαι μέν . . . γενόμενον δὲ διαμένειν.

[7] In ähnlicher Weise übt Simonides Fr. 57 (Bergk 4. Aufl., p. 414) an dem Gedichte des Kleobulos Kritik.

[8] γενέσθαι . . . ἔμμεναι.

Auszeichnung (das absolute Gutsein). IV. Dem Manne aber ist nicht möglich, nicht schlecht zu sein, welchen ein Unglück, gegen das er keinen Rath weiß, trifft. V. Ist das Glück mit ihm (trifft er's), so ist jeglicher Mann gut, schlecht aber, wenn das Glück ihm nicht günstig ist. VI. Die höchste Stufe erreichen und die trefflichsten sind die, welche die Götter lieben. — τὰ ἐπιόντα ἔτι μᾶλλον δηλοῖ. — VII. Drum will niemals ich, was nicht eintreten kann, suchend vergeblich auf unerfüllbare Hoffnung einen Theil meiner Lebenszeit hinwerfen, einen ganz tadellosen Mann unter allen, die wir der weiten Erde Früchte uns nehmen; dann, wenn ich ihn finde, künde ich es euch[1]. VIII. Alle lobe und liebe ich, wer nichts Schlechtes freiwillig thut; gegen die Nothwendigkeit (fatum) aber kämpfen nicht einmal die Götter an. — Nun folgt wieder eine Lücke, nach ταῦτα δὴ καὶ zu schließen. — IX. mir (ἔμοιγε) genügt jeder, der nicht schlecht ist und gänzlich rathlos und der staatförderndes Recht kennt, ein gesunder Mann. Nicht will ich ihn tadeln[2], unzählig sind ja die Geschlechter der Thoren (die ich tadeln muss; vgl. 346 C: ὥστ᾽ εἴ τις χαίρει ψέγων, ἐμπλησθείη ἂν ἐκείνους μεμφόμενος). X. Alles ist schön, dem Entstellendes nicht beigemischt ist.

Nachdem also Simonides gezeigt, dass es einen absolut guten Menschen nicht gibt, dass die Begriffe gut und schlecht nur in Beziehung auf die Götter absolut, auf die Menschen angewandt dagegen nur relativ genommen werden können, und dass im Gutsein auch diejenigen, welche in der Macht der Götter eine Stütze finden[3], nur die relativ höchste Stufe erreichen, erklärt er: Nach einem absolut guten Menschen zu suchen ist daher vergebliches Bemühen; sollte sich aber ein solcher finden, was ich für unmöglich halte, dann (ironisch) verkünd' ich's euch. Ehe dieser Fall nicht eingetreten, bin ich ein Freund und Lobredner aller derer, die nicht freiwillig schlecht sind, die nur von der auch die Götter beherrschenden ἀνάγκη zum schlecht Handeln getrieben werden. — Lücke. — Mir (ἔμοιγ᾽) genügt im Gegensatze zu anderen auch ein relativ guter Mann, ein Mann von echtem Schrot und Korn. Einen solchen will ich nicht tadeln, wenn er auch, von der ἀνάγκη getrieben, Fehler begeht, denn für diese kann er nicht zur Verantwortung gezogen werden, wohl aber werde ich alle tadeln — und derer gibt es genug —, die in ihrer Thorheit Fehler auch freiwillig, nicht von der ἀνάγκη dazu veranlasst, begehen. Ich gebe mich auch mit einem relativ guten Menschen zufrieden und verlange nicht einen absolut guten, den es nicht gibt, wie Pittakos.

So aufgefasst, ist der Gedankengang ein vollkommen vernünftiger, der Auslegung des Sokrates angemessener, und scheint es sonderbar, wie man so

[1] Ob mit ὔμμιν die Skopaden und ihre Freunde angesprochen seien, wie Bergk p. 385 meint, oder ob sich der Dichter damit an seine Leser wendet, muss wohl dahingestellt bleiben; auch ist ὔμμιν an der Stelle nicht zu halten.

[2] Dass οὐ γάρ εἰμι φιλόμωμος hier störend, dürfte man zugeben; warum soll Sokrates, durch μωμήσομαι veranlasst, nicht φιλόμωμος, wie kurz vorher nach ψέγω φιλόψογος, gesagt und damit eine kurze Erklärung gegeben haben, wie gleich darauf mit ὥστ᾽ εἴ τις . . . μεμφόμενος? cf. Bergk p. 387. Simonides lobte ja doch zumeist — für Geld.

[3] Vgl. Fr. 36 (51), Bergk p. 402

vielfach [1] die Frage erörtern konnte, ob die ganze Auslegung des Sokrates ernst oder scherzhaft gemeint sei. Dem Protagoras wird nachgewiesen, dass er Dichter nicht erklären kann, wie er p. 339 A behauptet hat, sein Versuch, sich der zwingenden Gewalt der Dialectik des Sokrates zu entziehen, ist gescheitert, nun geht es Schlag auf Schlag weiter. Was will man mehr? Warum sucht man es dem Protagoras nachzumachen und schiebt den Worten Platons Absichten unter, die nicht darin liegen? [2] Auch in Wort- und Satzfügung kann ich keine Schwierigkeit entdecken.

Wie viel ist also von dem Gedichte erhalten?

Aars sagt p. 8 f.: . . . Dann braucht, wie schon (p. 7) gesagt, nicht viel zu fehlen, wahrscheinlich eine erste Strophe, die die Widmung an Skopas und die Angabe oder Andeutung der Veranlassung des Gedichtes enthalten haben mag, [3] und dann — wegen der metrischen Correspondenz — ein größerer Theil derjenigen Strophe, die unter den noch erhaltenen die erste ist.

Zurückzugehen ist hier auf Blass, der die Frage, welche Stellung Skopas im Gedichte eingenommen, zuerst eingehend p. 329 und 332 erörtert hat. Wenn Protagoras p. 339 A zu Sokrates sagt: λέγει γάρ που Σιμωνίδης πρὸς Σκόπαν, τὸν Κρέοντος υἱὸν τοῦ Θετταλοῦ, so fragt man, woher weiß Protagoras, dass das Gedicht an Skopas gerichtet, der im ganzen Gedicht, soweit wir es kennen, nicht genannt ist? Er äußert diese Behauptung dem Sokrates gegenüber, von dem er nicht weiß, ob dieser das Gedicht kennt oder nicht. Erst auf die ausdrückliche Frage: τοῦτο ἐπίστασαι τὸ ᾆσμα ἢ πᾶν σοι διεξέλθω erklärt Sokrates: οὐδὲν δεῖ· ἐπίσταμαί τε γάρ, καὶ πάνυ μοι τυγχάνει μεμεληκὸς τοῦ ᾄσματος, gibt also damit zu, dass auch er weiß, das Gedicht sei an Skopas [4] gerichtet. Woher kann nun auch Sokrates und mit ihm die anderen am Gespräche betheiligten Personen wissen, dass das Gedicht dem Skopas gewidmet? Soll die Ehre, die der Dichter für Geld dem Skopas erwiesen, darin bestanden haben, dass er denselben in dem Gedichte nicht einmal erwähnte oder etwa nur in der zu allen Zeiten schlecht überlieferten und nebensächlichen Überschrift nannte? Die Antwort lautet „nein“. Der Name muss also in dem Gedichte vorgekommen sein, und zwar in einer Weise, dass dabei für Skopas ein Lob herauskam. Bergk und Aars vermuthen, dass dies in der ersten Strophe des Gedichtes geschehen sei, die uns heute fehle. Was sagt Plato zu dieser Ansicht? Er sagt p. 343 CD:

[1] U. a. Schleiermacher p. 158 und praef. z. Prot. p. 234; R. Schöne, Über Plat. Prot. Leipzig 1862, p. 37—42; Madvig, Kl. phil. Schr. Leipzig 1875, p. 412 f.; Susemihl l. c., p. 51 f.; Hermann, Plat. Phil. p. 623 f., Anmerk. 341; Bernhardy, l. c., p. 702; O. Müller, Gr. L.,[3] p. 353; Fischer, l. c., p. 19, und die Erklärer des Protagoras. Vorsichtig sagt J. Reber, Platons Kritik eines Liedes des Simonides, Zeitschr. f. Gymnasialwesen, XX. Jahrg., 2. Bd., Berlin 1866, p. 417: „. . . so dürfte vielleicht der Ton des Ganzen, die feine Mischung von Ironie und Ernst, die gerade hier nicht leicht zu trennen sind, die Besprechung dieser Stelle als eine nicht ganz überflüssige erscheinen lassen.

[2] An Seitenhieben fehlt es natürlich nicht, denn Sokrates spricht.

[3] Übereinstimmend mit Bergk p. 385: nam deesse nihil videtur, nisi carminis exordium, sive prima stropha, in qua . . .

[4] An Scopae gentiles vel familiares zu denken, wie Bergk, verbietet wohl der bestimmte Ausdruck πρὸς Σκόπαν τὸν . . .

ἐπισκεψώμεθα δὴ αὐτὸ κοινῇ ἅπαντες, εἰ ἄρα ἀληθῆ λέγω. εὐθὺς γὰρ τὸ πρῶτον τοῦ ᾄσματος μανικὸν ἂν φανείη, εἰ βουλόμενος (Σιμωνίδης) λέγειν, ὅτι ἄνδρα ἀγαθὸν γενέσθαι χαλεπόν, ἔπειτα ἐνέβαλε τό μέν. p. 339 D: τὸ μὲν πρῶτον αὐτὸς ὑπέθετο χαλεπὸν εἶναι ἄνδρα ἀγαθὸν γενέσθαι ἀληθείᾳ, ὀλίγον δὲ τοῦ ποιήματος εἰς τὸ πρόσθεν προελθὼν ἐπελάθετο: 340 B: ἐν μέν τοῖς πρώτοις αὐτὸς ὁ Σιμωνίδης τὴν ἑαυτοῦ γνώμην ἀπεφήνατο (vgl. auch p. 339 C: προϊόντος τοῦ ᾄσματος). Nimmt man noch die Inhalts-Übersicht über die drei ersten Stücke p. 344 BC (ὡς ἂν εἰ λέγοι λόγον . . . γέρας), bedenkt, dass Protagoras, um in Sokrates die Erinnerung an das Gedicht wachzurufen, doch den Anfang citieren, und dass Sokrates das ganze Gedicht besprechen musste, so scheint diese Vermuthung nicht glaublich. Warum muss denn Skopas überhaupt gleich zu Anfang erwähnt gewesen sein? Man hat vielfach Cic. de or. II, 86, Quintil. inst. or. XI, 2, 11—14, Phaedr. fab. IV, 25, Theocr. Idyll. XVI, 36—47 erörtert (cf. Schneidewin proleg in Sim., pag. XII ff.), vgl. Critias bei Plut. Cim. 10. Was man in allen diesen Stellen findet, ist, dass Simonides um den Stoff zum Lobe des Skopas in Verlegenheit gewesen ist. Warum soll also der Name des Skopas gleich zu Anfang des Gedichtes, warum nicht in der Mitte oder gegen das Ende zu erwähnt gewesen sein?

Ich meine also, dass in dem Gedichte nur zwei Lücken zu finden seien. — War in der ersten Skopas erwähnt? 344 B heißt es: λέγει γὰρ μετὰ τοῦτο ὀλίγα διελθών. ὡς ἂν εἰ λέγοι λόγον (in Prosa) ὅτι γενέσθαι μὲν ἄνδρα ἀγαθὸν χαλεπὸν ἀλαθέως οἷόν τε μέντοι ἐπί γε χρόνον τινά· γενόμενον. Den Gedanken οἷόν τε μέντοι ἐπί γε χρόνον τινά finden wir in den erhaltenen Stücken nicht; die Worte, welche denselben ausdrückten, müssen daher verloren sein. Soll also Skopas im Gedichte zu denselben in Beziehung gesetzt gewesen sein? Dann war der Gedanke des Dichters: Dass es möglich ist, im einzelnen Falle und für einige Zeit ein wahrhaft guter Mann zu sein, dafür bist du, Skopas, ein Beweis. Du bist nicht ein Mann nach dem Sinne des Pittakos, denn ein solcher existiert nicht, wohl aber bist du ein ὑγιὴς ἀνήρ, der bald gut, bald schlecht handelt; dich werde ich nicht tadeln, denn ich lobe alle relativ guten Menschen. Ein problematisches Lob[1]. Und wenn Skopas in dieser Weise erwähnt war, so konnte Sokrates denselben bei der Erklärung des Gedichtes füglich nicht übergehen (vgl. p. 343 C: εἰς τοῦτο . . . ἅπαν τὸ ᾆσμα πεποίηκεν)[2]. Oder war Skopas ohne Beziehung auf diesen Gedanken, neben demselben erwähnt? Möglich; jedenfalls war dann an dieser Stelle viel mehr als eine Anrede nicht vorhanden. — οἷόν τε μέντοι ἐπί γε χρόνον τινά soll also verloren sein. Auch Blass meint p. 331, es sei nichts weiter ausgefallen, als eine Fortführung der Schilderung des ἀνὴρ ἀγαθὸς ἀλαθέως (ähnlich R. Schöne, Über Plat. Prot. p. 41), nur scheint mir diese Fortführung nach seiner Anordnung zu lang (fünf Verse) und nicht in Übereinstimmung mit ὀλίγον προελθών und ὀλίγα διελθών. — Auch Bergk meint p. 386: at sententiae

[1] Ungefähr denselben Gedanken hatte Aars, als er (p. 13) schrieb: Ob aber einer wegen des unentrinnbaren Schicksals das Unglück hat, eine schlechte Handlung zu begehen, wie z. B. Skopas, vgl. Bergk p. 385: videtur Scopas ob facinus etc.

[2] Cf. p. 6 f.

omnino tam arcta necessitate vinctae sunt, ut non sit verisimile ordinem hunc iustum continentemque orationem diremtam esse ampla hac allocutione. Ebenso hält Aars p. 8 A. 1 dafür, die betreffenden Worte scheinen ganz den Charakter einer auslegenden Ergänzung des *χαλεπόν* zu haben. Vielleicht war in dieser Lücke die allgemeine Behauptung durch ein Beispiel, der Mythologie oder Geschichte entnommen, erläutert, wie dies oft Horaz, der Nachahmer der griechischen Lyriker, macht. Vgl. Od. I, 7, 20 ff.; I, 28, 7 ff.; II, 4, 2 ff., II, 9, 13 ff.; II, 13, 13 ff. ibid. 19 ff. Dann hat Protagoras die Stelle übergangen, weil er, um von dem gefährlichen Terrain wegzukommen, aufs Gerathewohl den vermeintlichen Widerspruch aus dem Gedichte herausfischt, und Sokrates hat sie zuerst nicht erwähnt, weil er die Widerlegung, um dem Prodikos zu schmeicheln, auf Grund der Lehre des Prodikos führt, wobei eben nicht nach dem Nächstliegenden gegriffen wird. Später hat er nicht mehr Anlass genommen, die Worte zu wiederholen; der Beweis (auch für diese Stelle des Gedichtes) war bereits geführt.

Die zweite Lücke, vor dem 9. Stücke, lässt sich ebenfalls ausgefüllt denken[1]. Sokrates eilt dem Schlusse der etwas langen Erörterung zu — diesen Eindruck macht die ganze Behandlung der zwei letzten Stücke — und citiert nach den Worten: πολλάκις δέ, οἶμαι, καὶ Σιμωνίδης ἡγήσατο καὶ αὐτὸς ἢ τύραννον ἢ ἄλλον τινὰ τῶν τοιούτων ἐπαινέσαι καὶ ἐγκωμιάσαι οὐχ ἑκών, ἀλλ' ἀναγκαζόμενος. ταῦτα δὴ καὶ τῷ Πιττακῷ λέγει ὅτι ἐγώ, ὦ Πιττακέ, οὐ διὰ ταῦτά σε ψέγω· ὅτι εἰμὶ φιλόψογος. ἐπεὶ das neunte Stück. Beachtet man nämlich die Worte τύραννον . . . ἐγκωμιάσαι, die gerade dort stehen, wo die Lücke im Gedichte sich findet, so liegt die Vermuthung nicht allzu ferne, dass auf Skopas hier hingewiesen wird, somit die Lücke mit einer Apostrophe an diesen ausgefüllt war. Ist diese Vermuthung richtig, dann durfte Sokrates, dem immer die Wechselrede zwischen Simonides und Pittakos (ὦ Πιττακέ 347 A) vorschwebt, auch eine Lücke lassen, ohne eine Berichtigung fürchten zu müssen. — Über Vermuthungen kommt man freilich hier nicht hinaus[2].

Mit Recht haben sich daher Bergk, Hartung, Blass, Aars dahin ausgesprochen, dass das Gedicht fast vollständig im Wortlaut erhalten sei, während Hermann, Böckh, Schneidewin nur ein ziemlich unvollständiges Fragment vor sich zu haben glaubten[3].

Dass die bisher entwickelte Ansicht auch vom metrischen Standpunkte aus unanfechtbar ist, zeigt Aars' Herstellung und beweist folgende Anordnung der zehn Stücke.

---

[1] Hartung hat sie wirklich ausgefüllt — nach Gutdünken, während Hermann, Böckh, Bergk dieselbe durch Umstellung der Theile beseitigten.

[2] Hartung füllt die Lücke willkürlich aus, Blass sagt p. 331: Der Anfang von Str. 2 aber möchte dem wesentlichen Sinne nach auf das ἔμοιγ' ἐξαρκεῖ hinausgekommen sein, Aars endlich will οὐ γάρ εἰμι φιλόμωμος untergebracht wissen.

[3] Cf. Aars p. 4. — Auch Sauppe sagt p. 22: Dass das Gedicht fast vollständig erhalten sei, ist auch nach 344 AB: πολλὰ μὲν γάρ ἐστι nicht wahrscheinlich — er ist aber durch p. 8 f. hinlänglich widerlegt.

I ἄνδρ' ἀ-γα-θὸν μὲν ἀ-λα-θέ-ως γε-νέ-σθαι χα-λε-πὸν
II οὐ-δέ μοι ἐμ-με-λέ-ως τὸ Πιτ-τά-κει-ον νέ-με-ται
VII τοὔ-νε-κεν οὔ ποτ' ἐ-γὼ τὸ μὴ γε-νέ-σθαι δυ-να-τὸν
|| fehlt.

I χερ-σίν τε καὶ πο-σὶ καὶ νό-ῳ τε-τρά-γω-νον ἄ-νευ ψό-γου τε-τυγ-μέ-νον
II καί-τοι σο-φοῦ πα-ρὰ φω-τὸς εἰ-ρη-μέ-νον χα-λε-πὸν φάτ' ἐ-σθλὸν ἔμ-με-ναι
VII δι-ζή-με-νος κε-νε-ὰν ἐς ἄ-πρα-κτον ἐλ-πί-δα μοῖ-ραν αἰ-ῶ-νος βα-λέ-ω
|| fehlt. IX. ἔ-μοιγ'(ε*) ἐξ-αρ-κεῖ* ὃς* ἄν* μὴ

|| fehlt.
III θε-ὸς ἂν μό-νος τοῦτ'(ο) ἔ-χοι γέ-ρας IV ἄν-δρα δ' οὐκ ἔ-στι μὴ οὐ κα-κὸν ἔμ-με-ναι
VII παν-ά-μω-μον ἄν-θρω-πον εὐ-ρυ-έ-δους ὅ-σοι καρ-πὸν αἰ-νύ-με-θα χθο-νός
IX κα-κὸς ᾖ* (⏑ —) μηδ' ἄ-γαν ἀ-πά-λα-μνος εἰ-δώς γ(ε*)ὀ-νή-σει πό-λιν* δί-καν

|| fehlt.
IV ὃν ἂν* ἀ-μή-χα-νος συμ-φο-ρὰ καθ-έ-λῃ
VII ἔ-πειθ'* ὔ-μῖν* εὑ-ρὼν ἀπ-αγ-γε-λέ-ω
IX ὑ-γι-ής ἀ-νήρ (— ⏑) οὐ μὴν* ἐ-γὼ

|| fehlt.
V πρά-ξας μὲν* γὰρ εὖ πᾶς ἀ-νὴρ ἀ-γα-θὸς κα-κὸς δ' εἰ κα-κῶς*
VIII πάν-τας δ'(ε)ἐπ-αί-νη-μι καὶ φι-λέ-ω ἑ-κὼν ὅσ-τις ἔρ-δῃ
IX μω-μή-σο-μαι τῶν γὰρ ἠ-λι-θί-ων ἀ-πεί-ρων γε-νέ-θλα

|| fehlt.
VI ἐ*-πὶ πλεῖ-στον δὲ καὶ* ἄ-ρι-στοί εἰ-σιν* οὓς* ἂν* οἱ* θε-οὶ φι-λῶ-σιν
VIII μη-δὲν αἰ-σχρὸν ἀ-νάγ-κᾳ δ' οὐ-δὲ θε-οὶ μά-χον-ται
X πάν-τα τοι κα-λὰ τοῖ-σι* τ' αἰ-σχρὰ μὴ μέ-μι-κται.[1]

[1] Bezüglich der handschriftlichen Überlieferung verweise ich auf Bergk und Schanz. — * bezeichnet eine Stelle, an der die Überlieferung fehlerhaft.

Aus dieser Zusammenstellung ergibt sich zunächst die genaue Übereinstimmung in metrischer Beziehung der Stücke: I II und des ersten Theiles des VII., somit des ersten Theiles dreier Strophen; denn das erste Stück ist, wie gezeigt, der Anfang des Gedichtes. Ferner stellt sich durch dieselbe die Ansicht von epodischer Composition als verfehlt heraus — die Übereinstimmung ist, wie schon Bergk gesehen, zu groß. Es ergeben sich vielmehr mit großer Wahrscheinlichkeit vier Strophen, von denen der ersten zwei Drittheile, der letzten etwa ein Drittheil fehlt, und zwar gehören: zur ersten Strophe das I. Stück und die erste Lücke, zur zweiten die Stücke II, III, IV, V und VI, zur dritten das VII. und VIII., zur vierten die zweite Lücke, ferner IX und X[1].

Wenn sich dennoch kleine Verschiedenheiten in metrischer Hinsicht zeigen, so meine ich, es wäre eine ganz wunderbare Erscheinung, wenn diese Trümmer des Gedichtes zusammengestellt ein tadelloses metrisches Schema ergäben. Mir scheinen vielmehr die Worte des Gedichtes so treu als möglich erhalten zu sein, nachdem sie Jahrhunderte lang dem Verderben preisgegeben waren. Wie oft mag die Partie 339 A bis 347 A wohl falsch verstanden[2], wie oft durch vermeintliche Verbesserungen heimgesucht worden sein?[3] Auch in neuerer Zeit wurde an dem Gedichte vielfach deshalb geändert, weil man möglichst viele Dorismen in dasselbe zu bringen strebte, wogegen sich mit Recht W. Schaumberg[4] gewendet. Thatsächlich sehen die in der Überlieferung enthaltenen metrischen Unmöglichkeiten ganz so aus, als seien sie erst im Laufe der Jahrhunderte in den Plato hineingerathen[5], dass also Plato doch genau citiert hat.

Ich stelle also das Gedicht folgendermaßen zusammen:

1. Strophe.

ἄνδρ᾿ ἀγαθὸν μὲν ἀλαθέως γενέσθαι χαλεπόν.
χερσίν τε καὶ ποσὶ καὶ νόῳ τετράγωνον. ἄνευ ψόγου τετυγμένον.

Vier Verse fehlen. (Erläuterung der beiden ersten Verse durch Beispiele. Skopas?)

2. Strophe.

οὐδέ μοι ἐμμελέως τὸ Πιττάκειον νέμεται,
καίτοι σοφοῦ παρὰ φωτὸς εἰρημένον· χαλεπὸν. φάτ᾿ ἐσθλὸν ἔμμεναι.
θεὸς ἂν μόνος τοῦτ᾿ ἔχοι γέρας. ἄνδρα δ᾿ οὐκ ἔστι μὴ οὐ κακὸν ἔμμεναι.
ὃν ἀμήχανος συμφορὰ καθέλῃ.
πράξας γὰρ εὖ πᾶς ἀνὴρ ἀγαθὸς. κακὸς δ᾿ εἰ κακῶς τι.
κἀπὶ πλεῖστον ἄριστοι. τούς γε θεοὶ φιλῶσιν.

3. Strophe.

τοὔνεκεν οὔ ποτ᾿ ἐγὼ τὸ μὴ γενέσθαι δυνατὸν
διζήμενος κενεὰν ἐς ἄπρακτον ἐλπίδα μοῖραν αἰῶνος βαλέω.
πανάμωμον ἄνθρωπον. εὐρυέδους ὅσοι καρπὸν αἰνύμεθα χθονός.
ἐπὶ δ᾿ ὔμμιν εὑρὼν ἀπαγγελέω.
πάντας δ᾿ ἐπαίνημι καὶ φιλέω, ἑκὼν ὅστις ἔρδῃ
μηδὲν αἰσχρὸν· ἀνάγκῃ δ᾿ οὐδὲ θεοὶ μάχονται.

---

[1] Dass φιλόμωμος erklärender Zusatz des Sokrates, bestätigt sich hier; — anders Aars.

[2] Hat doch selbst Heyne das V. Stück πράξας . . . nicht als simonideisch erkannt, während andererseits Grou, Dialogues de Platon. Amsterdam 1770, I, auch die Worte ὥστ᾿ εἴ τις . . . μεμφόμενος p. 346 C dem Simonides zuschrieb. Mars. Ficinus übersetzte z. B. (p. 344 E) πράξας . . . κακῶς durch: Qui bene curat, bonus medicus, contra qui male malus, — durch 345 A veranlasst.

[3] J. Cornarius wollte obige Stelle geändert wissen in: θεραπεύει γὰρ ὁ ἀγαθὸς ἰατρὸς καλῶς, κακὸς δὲ κακῶς.

[4] Quaestiones de dialecto Simonidis Cei, Bacchylidis, Ibyci. Celle 1878; bes. p. 6 f.

[5] Vgl. ἔμοιγ᾿ ἐξαρκεῖ ὃς ἂν μὴ κακὸς ᾖ, wofür ich schreibe: ἐξαρκεῖ δ᾿ ἔμοιγ(ε) ὁ μὴ ὢν κακός; ἐπὶ πλεῖστον δὲ καὶ ἄριστοί εἰσιν, οὓς ἂν οἱ θεοὶ φιλῶσιν, ursprünglich wohl: κἀπὶ πλεῖστον ἄριστοι τούς γε θεοὶ φιλῶσιν; ὃν ἂν καθέλῃ für ὃν καθέλῃ; πράξας μέν für πράξας u. a.

4. Strophe.

$1^1/_2$ Verse fehlen (Apostrophe an Skopas).

ἐξαρκεῖ δ' ἔμοιγ(ε)
ὁ μὴ ὢν κακὸς μηδ' ἄγαν ἀπάλαμνος. εἰδώς τ' ὀνησίπολιν δίκαν,
ὑγιὴς ἀνήρ. οὐδὲ μή μιν ἐγώ
μωμήσομαι· τῶν γὰρ ἠλιθίων ἀπείρων γενέθλα.
πάντα τοι καλά, τοῖσί τ' αἰσχρὰ μὴ μέμικται.

In wie weit ich hiebei fremde Conjecturen aufgenommen, ist aus Bergk ersichtlich. Von Aars bin ich in der Constituierung des Textes an folgenden Stellen abgewichen:

2. Str. v. 5: πράξας γάρ, A. πράξας μέν; ibid. τι, A. τις: cf. Bergk.
v. 6: κἄπι. A. καὶ τὸ; ibid. τούς γε. A. τούς κε; cf. ὃν καθέλῃ, ὅστις ἔρδῃ. ἂν ist in solchen Sätzen vielfach eingedrungen. — Dagegen θεὸς ἂν ἔχοι.

3. Str. v. 5: ἔρδῃ; cf. Bergk u. Euthyphr. 12, A. Aars ἔρδῃ.

4. Str. v. 2 u. 3: ἐξαρκεῖ δ' ἔμοιγε ὁ μὴ ὢν κακός; Plato: ἔμοιγ' ἐξαρκεῖ, ὃς ἂν μὴ κακὸς ᾖ, was ich als prosaische Wendung betrachte, die sich in die Handschriften eingeschlichen. — Aars: ἐξαρκεῖ γ' ἐμοὶ ὃς ἂν ᾖ κακός, wo μὴ fehlt. — ἔμοιγ' ἐξαρκεῖ auszuscheiden verbietet schon die Wiederholung: ἀλλά μοι ἐξαρκεῖ (p. 346 D).

In Betreff der Dorismen meint Böckh l. l. p. 338: In huismodi fragmentis investigandem ante omnia, quem characterem carmen sequatur, ut, sitne Dorium an Aeolium: quod ubi tenueris, expeditior via erit. Non tamen ea ingredienda cuiquam est, nisi usu diuturno firmatus, quid liceat in unoquoque metri genere, probe didicerit. — Wenn ich, wie Aars [1], darauf verzichte, mich auf Dorisierungen einzulassen, so geschicht dies deshalb, weil ich der Ansicht bin, dass sich mit Sicherheit heute wohl nicht entscheiden lässt, wie viele und welche im Gedichte vorgekommen sind [2].

Es erübrigt nun noch, dass über die Frage gehandelt werde, welcher Art Simonideischer Dichtungen das Lied angehört.

Erwähnt wurde bereits [3], dass die Meinungen diesbezüglich sehr verschiedene sind, dass man das Gedicht der Reihe nach als Epinikion, Skolion, Enkomion erklärt hat, und glaubt man nicht daran, dass das Gedicht ein Epinikion gewesen, so nennen die Scholien zu der schon erwähnten Stelle des Theokrit [4] noch eine andere Gattung, welcher das Gedicht schließlich angehört haben könnte, den Threnos. [5]

[1] p. 9.
[2] Conf. Schaumberg, l. c., p. 8.
[3] p. 4.
[4] Theokr. XII, v. 36—47. Das betreffende Scholion lautet: Κραννὼν πόλις Θεσσαλίας, ὅθεν Σκόπας ὁ Κραννώνιος Κρέοντος καὶ Ἐχεκρατίας υἱός· καὶ Σιμωνίδης ἐν θρήνοις. Κρεώνδας δὲ ὁ Σκόπας. Τὸν Σιμωνίδης φησί, παρ' ὅσον ἐκεῖνος τοῖς προειρημένοις ἐνδόξοις ἀνδράσι τῶν Θεσσαλῶν ἐπινίκια ἔγραφε καὶ θρήνους. — Nur diejenigen Dichtungen des Simonides sind hier genannt, welche größere Bedeutung erlangt haben. —
[5] So unglaublich ist diese Gattung nicht, wenn man einerseits an die materiellen Erfolge

Dass das Gedicht kein Epinikion gewesen, erhellt daraus, dass in demselben von einem Siege oder Sieger nicht die Rede ist [1]; diese Frage ist wohl durch Blass [2] und Aars [3] abgethan; auch hätte Protagoras dann wohl nicht gesagt: λέγει πρὸς Σκόπαν. Dieselben Gründe lassen sich auch gegen die Behauptung, das Gedicht sei ein Threnos gewesen, geltend machen. Bleibt also nur Skolion oder Enkomion. Blass, welcher mit seiner Meinung, das Gedicht sei ein Skolion gewesen, viel Anklang gefunden, sagt p. 332: Da nun der Name Enkomion für das Gedicht ebenso wenig passt, so bleibt nichts übrig, als es für ein Skolion zu nehmen." Ein Retter in der Noth, das Skolion. Um ein solches vorstellen zu können, müsste das Gedicht doch einen anderen Inhalt haben, meine ich. Gibt denn Plato keine Auskunft, wofür er das Gedicht gehalten?

p. 346 B stehen die Worte des Sokrates: πολλάκις δὲ οἶμαι καὶ Σιμωνίδης ἡγήσατο καὶ αὐτὸς ἢ τύραννον ἢ ἄλλον τινὰ τῶν τοιούτων ἐπαινέσαι καὶ ἐγκωμιάσαι οὐχ ἑκών, ἀλλ᾽ ἀναγκαζόμενος. Simonides aber glaubte wohl oft auch seinerseits einen Machthaber oder einen anderen Mann dieses Schlages nicht freiwillig, sondern unter dem Zwange der Umstände gelobt und verherrlicht zu haben — für Geld. Das war, meint Sokrates, die ἀνάγκη, die ihn (Simonides) zum schlecht Handeln trieb [4]. Diese Worte stehen im Platon dort, wo die zweite Lücke gelassen wird, und sind wohl, wie alles andere, mit directer Beziehung auf das Gedicht gesagt. Skopas wird von Sokrates nicht erwähnt, da Protagoras denselben bereits genannt, alle Anwesenden wussten, dass das Gedicht dem Skopas gewidmet und Skopas zu dem Inhalte des Gedichtes nur äußerlich in Beziehung gesetzt war. Dann ist der Gedanke des Sokrates der: Oft hat wohl auch Simonides einen hochgestellten Mann gegen seine Überzeugung gelobt, wie in dem vorliegenden Gedichte bekanntlich den Skopas, der uns bei der Frage, ob das ganze Gedicht εὖ πεποίηται, nicht berührt. Ich betone also ἐγκωμιάσαι und meine, Plato habe das Gedicht als Enkomion betrachtet, betone aber zugleich, dass ich damit nur eine Vermuthung ausgesprochen, welche vielleicht von anderer Seite eine Bestätigung finden dürfte.

Aus Vorstehendem erhellt und dies eine habe ich stets festzuhalten gesucht, dass Plato im Protagoras, mit Vorsicht behandelt, eine sichere Stütze ist bei dem schwierigen Werke der Reconstruction. Die Fragmente dieses Gedichtes können nun einmal nicht anders verstanden werden, als sie Platon, der sie citiert, verstanden. Und hierin, meine ich, ist der Grund zu suchen, dass die Reconstruenten zu wesentlich verschiedenen Resultaten gelangten. Man ist bisher entweder von der Frage, welcher Art von Gedichten das vorliegende zuzählen

---

denkt, die Simonides diesem Hause zu danken hatte, andererseits an die Geschichte vom Einsturz des Hauses; vgl. Schleiermacher, l. l.

[1] Das Gedicht ist fast vollständig erhalten.

[2] p. 332.

[3] p. 4 ff

[4] Vgl. Deuschle-Cron z. d. St., Plat. Prot. f. d. Schulgebr. 3. Aufl. Leipzig 1877, p. 108.

sei, ausgegangen und ist so mit einer vorgefassten Meinung an die Arbeit herangetreten, oder man hat den Erklärungen des Sokrates zu viel Gewicht beigelegt, wenn es galt, die Folge der Theile des Gedichtes zu bestimmen. Ist es mir gelungen, diese Überzeugung auch anderwärts wachzurufen, und habe ich dadurch zur Lösung der Frage beigetragen, dann bin ich belohnt, erkläre übrigens, dass ich des großen Römers nicht vergessen, der da sagt: Facturusne operae pretium sim etc.

F. Schwenk.

Schul-Nachrichten.

I. Personalstand und Lehrfächervertheilung.

a) Veränderungen im Lehrkörper.

1. Von den im vorigen Jahresberichte angeführten Mitgliedern des Lehrkörpers ist der Supplent Dr. Alexander Sturm nach Schluss des Schuljahres 1887/8, nachdem die von ihm supplierte Lehrstelle l. hohen Min.-Erl. vom 26. Juli 1888, Z. 12.620 dem Professor am Staats-Gymnasium in Ried Johann Georg Reis definitiv verliehen worden war, aus dem Verbande des Lehrkörpers ausgetreten.
2. Eingetreten sind:
   a) am Beginne des Schuljahres 1888/9 der k. k. Professor Johann Georg Reis vom Staats-Gymnasium in Ried;
   b) am 17. Jänner 1889 der für Naturgeschichte als Hauptfach und für Mathematik und Physik als Nebenfächer approbierte Gymnasiallehramts-Candidat Karl Prohaska als Aushilfs-Lehrer für den erkrankten Professor Dr. Anton Ausserer;
   c) die Probe-Candidaten: am 16. September 1888 Albert Šubic, approb. für Geographie und Geschichte als Hauptfächer, zur Einführung ins praktische Lehramt dem Prof. Dr. Franz Martin Mayer zugewiesen (Min.-Erl. vom 5. Juli 1888 Z. 13.800, L.-Sch.-R.-Erl. vom 29. Juli 1888, Z. 4726), und Rudolf Milan, approb. für classische Philologie als Hauptfach und deutsche Sprache als Nebenfach, zur Einführung ins praktische Lehramt dem Professor Albin Nager zugewiesen (Min.-Erl. vom 19. August 1888, Z. 17.070, L.-Sch.-R.-Erl. vom 3. September 1888, Z. 5389); am 21. März 1889 Franz Schellauf, approb. für classische Philologie als Hauptfach und deutsche Sprache als Nebenfach, zur Einführung ins praktische Lehramt dem Professor Alfred Heinrich zugewiesen (Min.-Erl. vom 11. März 1889, Z. 4550, L.-Sch.-R.-Erl. vom 17. März 1889, Z. 1701), am 24. April 1889 Alois Hofmann, approb. für classische Philologie als Hauptfach und deutsche Sprache als Nebenfach, zur Einführung ins praktische Lehramt dem Professor Dr. Anton Mayr zugewiesen (Min.-Erl. vom 10. April 1889, Z. 6716, L.-Sch.-R.-Erl. vom 16. April 1889 Z 2251).

b) Stand des Lehrkörpers am Schlusse des Schuljahres.

1. Dr. Ferdinand Maurer, k. k. Schulrath und Director, fürst-bisch. geistl. Rath, Cisterzienser-Ordenspriester des Stiftes Hohenfurt, lehrte Mathematik in der III.*a*; seit 3. Jänner 1889 auch in der I.*a* und II.*a*; wöchentlich 3 St. (seit 3. Jänner 9 St.).
2. Willibald Rubatscher, k. k. Professor, Benedictiner-Ordenspriester des Stiftes Admont, Ordinarius der I.*a*, lehrte Latein und Deutsch in der I.*a*, Griechisch in der VII.*a*; wöchentlich 16 Stunden.

3. Dr. Anton Ausserer, k. k. Professor in der VIII. Rangclasse, lehrte Mathematik in der I.*a* und II.*a*, Naturgeschichte in der I.*a*, II.*a*, III.*a*, V.*a* und VI.*a*: wöchentlich 16 St.; konnte seit 3. Jänner 1889 krankheitshalber nicht unterrichten.
4. Dr. Franz Martin Mayer, k. k. Professor in der VIII. Rangclasse, Privatdocent an der k. k. Universität, Ordinarius der VII.*b*, lehrte Geschichte in der IV.*a*, IV.*b*, VII.*b*, Deutsch in der VII.*b* und VIII.*a*; wöchentlich 17 St.
5. Franz Korp, k. k. Professor in der VIII. Rangclasse, Ordinarius der V.*b*, lehrte Griechisch in der V.*b* und VIII.*a*, Deutsch in der V.*b* und VII.*a*; wöchentlich 16 St.
6. Dr. Josef Stary, k. k. Professor in der VIII. Rangclasse, fürst-bisch. geistl. Rath, Exhortator für das ganze Gymnasium, lehrte kath. Religionslehre in der I.*a*, I.*b*, II.*a*, V.*a*,*b* bis VIII.*a*,*b*; wöchentlich 22 St.
7. Dr. Franz Standfest, k. k. Professor in der VIII. Rangclasse und Privatdocent an der k. k. technischen Hochschule, lehrte Mathematik in der I.*b*, II.b, Naturgeschichte in der I *b*, II.*b*, III.*b*, V.*b* und VI.*b*; wöchentlich 16 St.
8. Dr. Jakob Purgaj, k. k. Professor, Ordinarius der I.*b*, lehrte Latein und Deutsch in der I.*b*, Griechisch in der VI.*b*; wöchentlich 17 St.
9. Gabriel Mitterstiller, k. k. Professor, Ordinarius der III.*b*, der Direction zur Unterstützung zugewiesen, lehrte Latein und Griechisch in der III.*b*; wöchentlich 11 St.
10. Adam Wapienik, k. k. Professor, lehrte Mathematik in der VII.*b* und VIII.*b*, Physik in der IV.*a*, IV.*b*, VII.*a*, VII.*b*, VIII.*b*; wöchentlich 20 St.
11. Josef Mayrhofer, k. k. Professor, Ordinarius der VI.*a*, lehrte Latein in der V.*a*, VI.*a* und VIII.*a*; wöchentlich 17 St.
12. Franz Hubad, k. k. Professor, Ordinarius der II.*b*, lehrte Latein und Deutsch in der II.*b*, Griechisch in der V.*a*; wöchentlich 17 St.
13. Anton Naumann, k. k. Professor, lehrte Geographie in der I.*a*, I.*b*, Mathematik in der III.*b*, IV.*b*, VI.a, VI.*b*; wöchentlich 18 St.
14. Johann Reis, k. k. Professor, lehrte Geschichte in der III.*a*, III.*b*, VI.*a*, VII.*a*, Deutsch in der IV.*b* und VI.*a*; wöchentlich 19 St.
15. Dr. Otto Adamek, k. k. Professor, Ordinarius der V.*a*, lehrte Geschichte in der V.*a*, V.*b*, VIII.*a*, VIII.*b*, Deutsch in der V.*a* und VIII.*b*; wöchentlich 18 St.
16. Alfred Heinrich, k. k. Professor, Ordinarius der IV.*a*, lehrte Latein und Griechisch in der IV.*a*, Griechisch in der VII.*b*; wöchentlich 14 St.
17. Dr. Anton Mayr, k. k. Professor, Ordinarius der VIII.*b*, lehrte Latein in der VII.*b*, Griechisch in der VIII.*b*, philosophische Propädeutik in der VII.*a*,b und VIII.*a*,*b*; wöchentlich 18 St.
18. Rudolf Casper, k. k. Professor, Ordinarius der III.*a*, lehrte Latein und Griechisch in der III.*a*, Latein in der VI.*b*; wöchentlich 17 Stunden.
19. Dr. Hans König, k. k. Professor, Ordinarius der VIII.*a*, lehrte Mathematik in der IV.*a*, V.*a*, *b*, VII.*a*, VIII.*a*, Physik in der VIII.*a*; wöchentlich 19 St.
20. Albin Nager, k. k. Professor, Ordinarius der II.*a*, lehrte Latein und Deutsch in der II.*a*, Griechisch in der VI.*a*; wöchentlich 17 St.
21. Dr. Robert Leidenfrost, n. ö. Senior und evangelischer Pfarrer, lehrte evangel. Religionslehre in zwei Abtheilungen; wöchentlich 2 St.
22. Ferdinand Zafita, Supplent, Ordinarius der VI.*b*, lehrte Geschichte in der II.*a*,*b*, VI.*b*, Deutsch in der IV.*a*, VI.*b*; wöchentlich 18 St.

23. Franz Schwenk, Supplent, Ordinarius der IV. *b*, lehrte Latein und Griechisch in der IV. *b*, Latein in der V. *b*; wöchentlich 16 St.
24. Dr. Johann Weiss, Supplent, lehrte kath. Religionslehre in der II. *b*, III. *a*, *b*, IV. *a*, *b*; wöchentlich 10 St.
25. Dr. Friedrich Vogl, Supplent, Ordinarius der VII. *a*, lehrte Latein in der VII. *a*, VIII. *a*, Deutsch in der III. *a*, *b*; wöchentlich 16 St.
26. Karl Prohaska, seit 17. Jänner 1889 Aushilfslehrer für den erkrankten Professor Dr. Anton Ausserer, lehrte Naturgeschichte in der I. *a*, II. *a*, III. *a*, V. *a* und VI. *a*; wöchentlich 10 St.

Probecandidaten:

1. Albert Šubic, lehrte im 2. Sem. Geographie und Geschichte in der IV. *a*.
2. Rudolf Milan, lehrte im 2. Sem. Griechisch in der VI. *a*.
3. Franz Schellauf.
4. Alois Hofmann.

Nebenlehrer:

1. Franz Hubad, k. k. Professor, lehrte slovenische Sprache in 6 St. wöchentlich.
2. Ludwig Ritter von Kurz zu Thurn und Goldenstein, k. k. Professor am II. Staats-Gymnasium in Graz, lehrte obligates Zeichnen in der I. *a*, I. *b*, II. *a* und II. *b* in 12 St. wöchentlich, ferner unobligates Zeichnen in 4 St. wöchentlich.
3. Ignaz Wolf, Professor der Stenographie an der Handels-Akademie und Lehrer desselben Gegenstandes an der k. k. Universität, an der Landes-Oberrealschule und am fürst-bischöflichen Knaben-Seminar in Graz, lehrte Stenographie in 6 St. wöchentlich.
4. Karl Schwarzer, geprüfter Turnlehrer, ertheilte den Turnunterricht in 8 St. wöchentlich.
5. Leopold Wegschaider, Chormeister des Grazer Männergesang- und des Singvereines, ertheilte den Gesangsunterricht in 4 St. wöchentlich.
6. Albin Nager, k. k. Professor, lehrte Kalligraphie in 2 St. wöchentlich.
7. Dr. Samuel Mühsam, Rabbiner, ertheilte den israelitischen Religionsunterricht in 2 St. wöchentlich den mosaischen Schülern des I. und II. Staats-Gymnasiums in einem Lehrzimmer des letzteren.

Diener:

Schuldiener: Anton Achs.
Hilfsdiener: Franz Kordat.

II. Lehrplan

für die obligaten Gegenstände im Schuljahre 1888 9.

I. Classe in zwei Abtheilungen.

Religionslehre. 2 St. — Katholische Glaubens- und Sittenlehre.

Lateinische Sprache. 8 St. — Formenlehre der wichtigsten regelmäßigen Flexionen, eingeübt in beiderseitigen Übersetzungen. — Allwöchentlich 1 Comp. von einer halben Stunde. Memorieren, später häusliches Aufschreiben von lateinischen Übersetzungen und kleine Hausaufgaben.

Deutsche Sprache. 4 St. — Grammatische Formenlehre. Der einfache Satz. Elemente des zusammengezogenen und zusammengesetzten Satzes. Orthographische Übungen. Erklärung einzelner Lesestücke. Vortrag ausgewählter Gedichte und Prosastücke. Schriftliche Aufgaben monatlich 4, abwechselnd Schul- und Hausaufgaben.

Geographie. 3 St. — Die wichtigsten Vorbegriffe zur Kenntnis der topischen und physikalischen Verhältnisse auf der Erde. Vergleichung der Gebirgszüge Europas untereinander und mit jenen der übrigen Welttheile, ebenso Vergleichung der Flüsse. Die nöthigsten Elemente der mathematischen Geographie zur Orientierung. Kleine Kartenskizzen.

Mathematik. 3 St. — Arithmetik. Die vier Species in ganzen Zahlen, Theilbarkeit, die Brüche, das Rechnen mit mehrfach benannten Zahlen. Geometrische Anschauungslehre. Die Grundgebilde: Gerade, Kreis, Winkel und Parallelen. Das Dreieck mit Ausschluss der Congruenzsätze. Die fundamentalen Constructions-Aufgaben.

Naturgeschichte. 2 St. — 1. Semester: Säugethiere, Weichthiere, Stachelhäuter und Schlauchthiere. 2. Semester: Gliederthiere und Würmer.

Zeichnen. 3 St. — Das geometrische Freihandzeichnen. Allgemeine Begriffe von den geometrischen Grundgebilden und ihre Darstellung auf der Zeichenfläche mit besonderer Bezugnahme auf das geometrische Flachornament.

II. Classe in zwei Abtheilungen.

Religionslehre. 2 St. — Liturgik der katholischen Kirche.

Lateinische Sprache. 8 St. — Ergänzung der regelmäßigen Formenlehre: die wichtigsten Unregelmäßigkeiten in Declination, Genus und Conjugation; Erweiterung der in der I. Classe gelernten syntaktischen Formen, eingeübt wie in der I. Classe. Monatlich 3 Comp. von je einer halben Stunde. Memorieren wie in der I. Classe und häusliches Präparieren. Alle 4 Wochen ein Pensum.

Deutsche Sprache. 4 St. — Grammatik: Befestigung und Ergänzung der Formenlehre; der zusammengesetzte Satz; praktische Übungen in der Interpunction und Orthographie. Nacherzählungen, Beschreibungen, Concentrationen; Aufsätze monatlich 3, abwechselnd Schul- und Hausaufgaben.

Geographie und Geschichte. 4 St. — *a)* Geographie, wöchentlich 2 St.: Fortsetzung der mathematischen Geographie in Bezug auf die Verhältnisse verschiedener Breitenlagen. Specielle Geographie Asiens und Afrikas, allgemeine Übersicht Europas. Specielle Geographie von Süd- und Westeuropa. *b)* Geschichte, wöchentlich 2 St.: Geschichte des Alterthums mit besonderer Berücksichtigung des biographischen und sagengeschichtlichen Elementes.

Mathematik. 3 St. — Arithmetik: Wiederholung und Durchübung der Bruchrechnung. Abgekürzte Multiplication und Division. Verhältnisse und Proportionen. Die einfache Regeldetri mit Anwendung der Proportion und der Schlussrechnung. Procentrechnung. Einfache Zins- und Discontrechnung. Münzen, Maße und Gewichte. Geometrische Anschauungslehre: Congruenz der Dreiecke nebst Anwendungen. Die wichtigsten Eigenschaften des Kreises, der Vierecke und Vielecke.

Naturgeschichte. 2 St. — 1. Semester: Wirbelthiere mit Ausschluss der Säugethiere. 2. Semester: Botanik: Beobachtung und Beschreibung einer mäßigen Anzahl von Samenpflanzen verschiedener Ordnungen und einiger Sporenpflanzen. Einiges über das natürliche Pflanzensystem.

Zeichnen. 3 St. — Erklärung der perspectivischen und der Beleuchtungs-Erscheinungen auf dem Wege der Anschauung. Zeichnen flacher geometrischer

Gebilde nach Drahtmodellen und Darstellung geometrischer Körper mit Inbegriff der Schattenangabe nach Draht und Holzmodellen. Die ornamentalen Kunstformen. Elemente des Flachornamentes.

III. Classe in zwei Abtheilungen.

Religionslehre. 2 St. — Geschichte der göttlichen Offenbarung des alten Bundes.

Lateinische Sprache. 6 St. — Lectüre 3 St.: Corn. Nepotis vitae (Auswahl). Grammatik 3 St.: Lehre von der Congruenz, vom Gebrauche der Casus und der Präpositionen; Übersetzungen aus Hauler's Aufgaben zur Einübung der lateinischen Syntax, I. Theil (Casuslehre). Alle 14 Tage eine Schul- und eine Hausarbeit.

Griechische Sprache. 5 St. — Regelmäßige Formenlehre, mit Ausschluss der Verba auf μι, eingeübt in beiderseitigen Übersetzungen aus dem Übungsbuche. Von der zweiten Hälfte des I. Semesters angefangen alle 14 Tage eine schriftliche Arbeit, abwechselnd Schul- oder Hausarbeit.

Deutsche Sprache. 3 St. — Systematische Wiederholung der Formen- und Casuslehre. Lectüre und Stilistik in steter Wechselseitigkeit. Zusammenfassen und Disponieren des Gelesenen. Vortrag ausgewählter Gedichte. Monatlich eine Schul- und eine Hausarbeit.

Geographie und Geschichte. 3 St. — *a)* Geographie: Übersichtliche Darstellung der mathematischen Geographie im Zusammenhange. Vergleichende specielle Geographie von Nord-, Ost- und Mitteleuropa mit Ausschluss der österr.-ungar. Monarchie. Specielle Geographie Amerikas und Australiens. *b)* Geschichte des Mittelalters mit Hervorhebung der Hauptereignisse aus der Geschichte der österr.-ungar. Monarchie.

Mathematik. 3 St. — Arithmetik: Das Rechnen mit unvollständigen Zahlen. Die vier Grundoperationen mit ganzen und gebrochenen algebraischen Zahlen. Potenzieren. Quadrat- und Cubikwurzel. Geometrische Anschauungslehre: Flächengleichheit. Flächensätze für das rechtwinklige Dreieck. Verwandlung und Theilung der Figuren. Längen- und Flächenmessung. Ähnlichkeit. Umfangs- und Flächenverhältnisse ähnlicher Figuren. Construction und Beschreibung der Ellipse, Hyperbel und Parabel.

Naturwissenschaften. 2 St. — I. Semester: Mineralogie. II. Semester: Experimentalphysik: Allgemeine Eigenschaften der Körper. Wärmelehre. Chemische Grundbegriffe.

IV. Classe in zwei Abtheilungen.

Religionslehre. 2 St. — Geschichte der göttlichen Offenbarung des neuen Bundes.

Lateinische Sprache. 6 St. — Lectüre 3 St.: Caesars bellum Gallicum, lib. I. IV vollständig und VII mit Auswahl. Grammatik 3 St.: Eigenthümlichkeiten im Gebrauche der Nomina, die Tempus- und Moduslehre, Elemente der Metrik; Übersetzungen ausgewählter Stücke aus dem Übungsbuche. Ovid: Auswahl aus den Metamorphosen. Alle 14 Tage eine Haus- und eine Schularbeit.

Griechische Sprache. 4 St. — Verba auf μι. Verba anomala, Hauptpunkte der Syntax, eingeübt in beiderseitigen Übersetzungen aus dem Übungsbuche. Alle 14 Tage eine Haus- oder eine Schularbeit.

Deutsche Sprache. 3 St. — Systematische Wiederholung der Syntax des zusammengesetzten Satzes in praktischen Übungen. Die Periode. Grundzüge der

Prosodik und Metrik. Lectüre nach dem Lesebuche mit besonderer Beachtung der bildlichen Ausdrucksweise und der stilistischen Figuren. Zusammenfassen und Disponieren des Gelesenen. Memorieren und Vortragen. Monatlich eine Schul- und eine Hausarbeit.

Geschichte und Geographie. 4 St. — I. Semester: Geschichte der Neuzeit mit besonderer Rücksicht auf Österreich-Ungarn. II. Semester: Specielle Geographie von Österreich-Ungarn, besonders des engeren Vaterlandes.

Mathematik. 3 St. — Die Lehre von den Gleichungen mit einer und mit mehreren Unbekannten. Die zusammengesetzte Regeldetri, der Kettensatz, die Zinseszinsrechnung. Stereometrische Anschauungslehre.

Physik. 3 St. — Mechanik, Magnetismus, Elektricität, Akustik, Optik, strahlende Wärme.

V. Classe in zwei Abtheilungen.

Religionslehre. 2 St. — Allgemeine katholische Glaubenslehre.

Lateinische Sprache. 6 St. — Livius lib. I. und XXI, 1—20. Ovid: Auswahl aus Metam., Trist. und Fast. Grammatik: Wiederholung der Casuslehre, Stilübungen 1 St. in der Woche. Monatlich eine Haus- und eine Schularbeit.

Griechische Sprache. 5 St. — Lectüre 4 St. I. Semester: Auswahl aus Xenophon. II. Semester: Ilias I. II. und jede Woche 1 St. Lectüre aus Xenophon. 1 St. Grammatik: Casuslehre, Präpositionen, Moduslehre. Memorieren. Präpar. Monatlich eine Haus- oder Schularbeit.

Deutsche Sprache. 3 St. — Lectüre mit besonderer Rücksicht auf die Charakteristik der epischen, lyrischen und didaktischen Dichtungsgattungen. Grammatik alle 14 Tage eine St.: Lautlehre und Wortbildung der neuhochdeutschen Sprache. Memorieren und Vortragen. Monatlich eine Schul- und eine Hausarbeit.

Geschichte und Geographie. 3 St. — Geschichte des Alterthums bis zur Unterwerfung Italiens durch die Römer mit Berücksichtigung der einschlägigen Geographie.

Mathematik. 4 St. — Arithmetik 2 St.: Die vier Grundoperationen. Die negativen und die gebrochenen Zahlen. Eigenschaften der Zahlen. Proportionen. Gleichungen des 1. Grades mit einer und mehreren Unbekannten. Geometrie 2 St.: Planimetrie.

Naturgeschichte. 2 St. — I. Semester: Mineralogie. II. Semester: Botanik.

VI. Classe in zwei Abtheilungen.

Religionslehre. 2 St. — Besondere katholische Glaubenslehre.

Lateinische Sprache. 6 St. — Sallusts Iugurtha; Ciceros erste Catilinarische Rede; Vergil: Auswahl aus Georg. und Bucol., Aeneis I., Caes. de bello civ. I. Grammatik: Wiederholung der Moduslehre. Stilübungen wöchentlich 1 St. Monatlich eine Schul- und eine Hausarbeit.

Griechische Sprache. 5 St. — Ilias VI. XVI. XVIII. XIX. XXII. Herodot V. —IX. (Auswahl). Ausgewählte Stücke aus Xenoph. Kyrupädie und den Apomnemoneumata. Wöchentlich 1 St. Grammatik, alle 4 Wochen eine Schul- oder Hausarbeit.

Deutsche Sprache. 3 St. — Grammatik, alle 14 Tage 1 St.: Genealogie der germanischen Sprachen, Einführung in einige wichtigere Principien der Sprachbildung, Lectüre aus dem Lesebuche. Außerdem wurden theils in der Schule, theils zu Hause gelesen: Lessings „Minna von Barnhelm“, „Philotas“,

„Emilia Galotti“, „Nathan der Weise“; Geschichte der deutschen Literatur bis auf die Periode des Sturms und Drangs. Alle 3 Wochen ein Aufsatz.

Geschichte und Geographie. 4 St. — Geschichte der Römer von der Ausbreitung ihrer Herrschaft über die Grenzen Italiens hinaus bis zum Untergang des weströmischen Reiches, sowie Geschichte des Mittelalters, unter steter Berücksichtigung der Culturgeschichte und der Geographie.

Mathematik. 3 St. — Algebra: Die Lehre von den Potenzen, Wurzeln und Logarithmen. Quadratische Gleichungen mit einer Unbekannten nebst Anwendungen. Stereometrie und ebene Trigonometrie.

Naturgeschichte. 2 St. — In beiden Semestern: Zoologie.

VII. Classe in zwei Abtheilungen.

Religionslehre. 2 St. — Katholische Sittenlehre.

Lateinische Sprache. 5 St. — Lectüre: Cic. orat. in Cat. III., in Verrem act. II. lib. IV; Cato maior. Verg. Aen. lib. II, VI, Auswahl aus lib. VIII, IX. Wöchentlich 1 St. stilistische Übungen aus Süpfle II. Th. Monatlich eine Schul- und eine Hausarbeit.

Griechische Sprache. 4 St. — I. Semester: Demosthenes' I. u. III. Rede gegen Philipp. II. Semester: Hom. Odyss., I, VI, VII, VIII, IX und Demosth. Olynth. III. (Auswahl). Grammatisch-stilistische Übungen wöchentlich 1 St. Monatlich eine Haus- oder eine Schularbeit

Deutsche Sprache. 3 St. — Lectüre aus dem Lesebuche: Herder, Goethe, Schiller; die bezügliche Literaturgeschichte bis Schillers Tod. Außerdem wurden theils in der Schule, theils privatim gelesen: Goethes „Götz v. B.“, „Egmont“, „Iphigenie“; Schillers „Maria Stuart“ und „W. Tell“. — Redeübungen. Alle 3 Wochen ein Aufsatz.

Geschichte und Geographie. 3 St. — Geschichte der Neuzeit unter steter Berücksichtigung der culturhistorischen und geographischen Momente.

Mathematik. 3 St. — Gleichungen zweiten Grades mit zwei Unbekannten und solche höheren Grades, die sich auf quadratische zurückführen lassen. Kettenbrüche. Unbestimmte Gleichungen. Arithmetische und geometrische Progressionen. Zinseszins- und Rentenrechnung, Combinationslehre, binomischer Lehrsatz. Übungen im Auflösen trigon. Aufgaben; analytische Geometrie.

Physik. 3 St. — Allgemeine Eigenschaften der Körper, Statik und Dynamik fester, tropfbarflüssiger und gasförmiger Körper. Wärmelehre, Chemie.

Philosophische Propädeutik. 2 St. — Formale Logik.

VIII. Classe in zwei Abtheilungen.

Religionslehre. 2 St. — Geschichte der Kirche Jesu.

Lateinische Sprache. 5 St. — Lectüre: Tacitus Germania, cc. 1—27; Annalen: Auswahl aus lib. I—VI. Horaz: Auswahl aus den Oden, Epoden, Satiren und Episteln. Wöchentlich 1 St. grammatisch-stilistische Übungen aus Süpfle II. Th., monatlich eine Schul- und eine Hausarbeit.

Griechische Sprache. 5 St. — Platons Apologie und Kriton, Sophokles' Antigone, Homers Odyssee, XVI. XXII. Wöchentlich 1 St. Grammatik, alle 4 Wochen eine Schul- oder eine Hausarbeit.

Deutsche Sprache. 3 St. — Lectüre aus dem Lesebuche, außerdem Lessings „Laokoon“, Goethes „Hermann und Dorothea“, „Tasso“, Schillers „Braut von Messina“ und die Abhandlung „Über naive und sentimentalische Dichtung“. Literaturgeschichte von Schillers bis zu Goethes Tode. Alle 3 Wochen ein Aufsatz. Redeübungen.

Geschichte und Geographie. 3 St. — I. Semester: Geschichte der österr.-ungar. Monarchie. II. Semester: 2 St. österr.-ungar. Vaterlandskunde. 1 St. Recapitulation der Hauptmomente der griechischen und römischen Geschichte.

Mathematik. 2 St. — Übungen in der Auflösung mathematischer Probleme. Wiederholung der wichtigsten Partien des mathematischen Lehrstoffes.

Physik. 3 St. — Wärmelehre, Magnetismus, Elektricität, Wellenlehre, Akustik, Optik.

Philosophische Propädeutik. 2 St. — Empirische Psychologie.

- - -

III. Lehrplan für die relativ-obligaten und freien Gegenstände.

Evangelischer Religionsunterricht. 2 St.

I. Abtheilung: Aus der biblischen Geschichte: Die Gleichnisse Jesu. Die Bergpredigt. — Aus dem Katechismus: Der 2. und 3. Artikel des apostolischen Glaubensbekenntnisses. — Aus der Kirchengeschichte: Von der Entstehung der christl. Kirche bis Muhamed. Von der Reformation bis auf die neueste Zeit. — Kirchenlieder. II. Abtheilung: Die römische Reichskirche; Anfänge der Reformation.

Israelitischer Religionsunterricht. — 2 St. Untere Abtheilung: *a)* Religion: Erklärung der zehn Gebote; Inhalt der biblischen Schriften. *b)* Biblische Geschichte: Das Königthum. — Privatlectüre: Das V. Buch Moses im Urtexte. — Obere Abtheilung: *a)* Religion: Die biblische Lehre von der Bestimmung des Menschen; Unsterblichkeit der Seele; äußere Gottesverehrung. *b)* Nachbiblische Geschichte: Bis zum Untergange des jüdischen Staates.

Slovenische Sprache (als zweite Landessprache für die Schüler mit slovenischer Muttersprache obligat). Der Unterricht wurde in drei Abtheilungen, die aus Schülern aller Classen nach dem Verhältnisse der Vorkenntnisse zusammengesetzt waren, ertheilt. Die I. Abtheilung, wöchentlich 2 Stunden für Anfänger, hatte 18 Schüler. Die II. Abtheilung, wöchentlich 2 Stunden für vorgerücktere Schüler, bestand aus 12 Schülern. Die III. Abtheilung bestand aus 7 Schülern. Wöchentlich 2 Stunden, Lesen ausgewählter Aufsätze und einzelner Gedichte.

Steiermärkische Geschichte. 2 St. wöchentlich. Schülerzahl: 9. An der Preisprüfung betheiligten sich 9 Schüler.

Stenographie. In zwei Cursen, der erste in zwei Abtheilungen, 6 St. wöchentlich. Schülerzahl: anfangs 120, am Schlusse 90. I. Curs, Anfänger, 55 Schüler. Die Wortbildungs- und Wortkürzungslehre im vollen Umfange, mit ausgedehnten praktischen Übungen. II. Curs, geübtere Schüler, Schülerzahl: 35. Vollständige Satzkürzungslehre mit Einschluss der logischen Kürzung. Übung im Lesen stenographischer Zeitschriften. Dictandoschreiben.

Freihandzeichnen. 4 St. wöchentlich. — Unobligater Gegenstand für die Schüler der III. bis VIII. Classe. Schülerzahl: 23. Perspectivische Darstellung von Körpergruppen. Farbenlehre. Fortsetzung des Ornamentenzeichnens mit Bezugnahme auf die Charakteristik der verschiedenen Stilarten nach Vorlagen und Gipsmodellen. Die Proportionen des menschlichen Gesichtes und Kopfes. Zeichnen des menschlichen Kopfes nach geeigneten Studienköpfen und Gipsmodellen (Reliefs und antiken Büsten).

Turnen. In 4 Abtheilungen mit je 2 St. wöchentlich. Schülerzahl am Schlusse 109.

Gesang. In 2 Abtheilungen, zusammen in 4 St. wöchentlich. I. Abtheilung für Anfänger, 2 St. wöchentlich. Schülerzahl 27. II. Abtheilung für Vorgerücktere, 2 St. wöchentlich. Schülerzahl 32. Gesammte Schülerzahl: 59.

Kalligraphie. In zwei Abtheilungen mit je 1 St. wöchentlich. 18 Schüler der I. und II. Classe im I. Sem., 40 im II. Sem. Die Current und englische Schrift nach Professor Fritschs Methode.

IV. Lehrbücher im Schuljahre 1888/9.

a) Obligate Gegenstände.

1. Katholische Religionslehre.

I. Classe: Leinkauf, Katholische Glaubens- und Sittenlehre, 9. oder 8. Auflage.
II. Classe: Zetter, Katholische Liturgik.
III. Classe: Zetter, Geschichte der göttlichen Offenbarung des alten Bundes.
IV. Classe: Zetter, Geschichte der göttlichen Offenbarung des neuen Bundes.
V. Classe: Wappler, Lehrbuch der katholischen Religion für die oberen Classen der Gymnasien, I. Theil, 7. oder 6. Auflage.
VI. Classe: Wappler, Lehrbuch der katholischen Religion für die oberen Classen der Gymnasien, II. Theil, 6. Auflage.
VII. Classe: Wappler, Lehrbuch der katholischen Religion für die oberen Classen der Gymnasien, III. Theil, 5. Auflage.
VIII. Classe: Fessler, Geschichte der Kirche Christi, 1 Auflage.

2. Lateinische Sprache.

I. und II. Classe: Goldbacher, Lateinische Grammatik, 2 Auflage.
III. bis VIII. Classe: Ellendt-Seyffert, Lateinische Grammatik, 29. Auflage.
I. Classe: Nahrhaft, Lateinisches Übungsbuch, I. Theil, 2. Auflage.
II. Classe: Nahrhaft, Lat. Übungsbuch, II. Theil, 2. Auflage.
III. Classe: Hauler, Aufgaben zur Einübung der lateinischen Syntax, I. Theil, 6. Auflage.
IV. Classe: Hauler, Aufgaben zur Einübung der lateinischen Syntax, II. Theil, 4. Auflage.
V., VI. Classe: Süpfle, Aufgaben zu lateinischen Stilübungen, I. Theil, 19. Auflage.
VII., VIII. Classe: Süpfle, Aufgaben zu lateinischen Stilübungen, II. Theil, 20. oder 19. Auflage.
III. Classe: Cornelii Nepotis vitae, ed. Weidner.
IV. Classe: Caesaris comm. de bello Gallico, ed. Prammer.
IV., V. Classe: Ovidii carmina selecta, ed. Sedlmayer. 2. Auflage.
V. Classe: Livii ab urbe cond. libri I, II, XXI, XXII et partes sel. ex libr. III, IV, VI, ed. Zingerle.
VI. Classe: Sallustii bell. Iugurth., ed. Scheindler. — Ciceronis oratio I. in Catil., ed Müller. — Caesaris bellum civ., ed. Dinter. — Vergilii Eclogae, Georgica, Aeneis, ed. Hoffmann.
VII. Classe: Ciceronis oratio in Catilinam III., ed. Müller, in Verrem lib. IV., ed. Müller, Cato maior, ed. Müller. — Vergilii Aen., ed. Hoffmann.
VIII. Classe: Taciti Germania, annales, ed. Müller. — Horatii carm. sel., ed. Petschenig.

3. Griechische Sprache.

III. Classe: Curtius, Griechische Schulgrammatik, 17. Auflage.
IV. bis VIII. Classe: Curtius, Griechische Schulgrammatik, 16. Auflage.
III. Classe: Schenkl, Griechisches Elementarbuch, 13 Auflage.
IV. bis VI. Classe: Schenkl, Griechisches Elementarbuch, 12. Auflage.
VII., VIII. Classe: Schenkl, Übungsbuch zum Übersetzen aus dem Deutschen und Lateinischen ins Griechische, 6. Auflage.
V. Classe: Schenkl, Chrestomathie aus Xenophon. 8. Auflage. — Homeri Iliadis epit., pars I., ed. Scheindler, 3. Auflage.
VI. Classe: Homeri Iliadis epit., pars I., ed. Zechmeister; pars II., ed. Scheindler. — Herodots Perserkriege, herausgegeben von Hintner. 2. Auflage.

VII. Classe: Demosthenes, Olynthische Reden, III.; I und III Rede gegen Philipp. Ausgabe von Wotke. Homeri Odysseae epit., ed. Pauly-Wotke.

VIII. Classe: Platonis apologia Socratis et Kriton, ed. Král. — Sophoclis Antigone, ed. Schubert — Homeri Odysseae epit, ed. Pauly.

4. Deutsche Sprache.

I. bis VIII. Classe: Willomitzer, Deutsche Grammatik für österreichische Mittelschulen 4. Auflage.

I. Classe: Kummer-Stejskal, Deutsches Lesebuch für österr. Gymnasien, 1. Band. 2. Auflage.

II. Classe: Kummer-Stejskal, Deutsches Lesebuch für österr. Gymnasien, 2. Band. 2. Auflage

III. Classe: Kummer-Stejskal, Deutsches Lesebuch für österr. Gymnasien, 3. Band.

IV. Classe: Kummer-Steyskal, Deutsches Lesebuch für österr. Gymnasien. 4. Band.

V. Classe: Kummer-Stejskal, Deutsches Lesebuch für österr. Gymnasien, 5. Band. 4. Auflage.

VI. Classe: Kummer-Stejskal, Deutsches Lesebuch für österr. Gymnasien, 6. Band. 2. Auflage.

VII. Classe: Kummer-Stejskal, Deutsches Lesebuch für österr. Gymnasien, 7. Band.

VIII. Classe: Kummer-Stejskal, Deutsches Lesebuch für österr. Gymnasien. 8. Band.

5. Geographie und Geschichte.

I., II. und III. Classe: Supan, Lehrbuch der Geographie nach den Principien der neueren Wissenschaft, 5. Auflage.

V. bis VIII. Classe: Seydlitz, Kleine Schulgeographie, Ausgabe für Österreich-Ungarn, bearb. von Perkmann. 2. Auflage.

IV. Classe: Fr. M. Mayer, Geographie der österreichisch-ungarischen Monarchie für die IV. Classe der Mittelschulen.

I. bis IV., VI. bis VIII. Classe: Kozenn, Geogr. Schulatlas für Gymnasien, 29. oder 30. Aufl.

V. Classe: Sydow, Geogr Schulatlas, 36. oder 37. Auflage.

II. bis VIII. Classe: Putzger, Histor. Schulatlas, 8. oder 9. Auflage.

II. Classe: Hannak, Lehrbuch der Geschichte des Alterthums für die unteren Classen der Mittelschulen, 8. Auflage.

III. Classe: Hannak, Lehrbuch der Geschichte des Mittelalters für die unteren Classen der Mittelschulen, 7. Auflage.

IV. Classe: Hannak, Lehrbuch der Geschichte der Neuzeit für die unteren Classen der Mittelschulen, 6. Auflage.

V. Classe: Gindely, Lehrbuch der allgemeinen Geschichte für die oberen Classen der Mittelschulen, I. Band, 7. Auflage.

VI. Classe: Gindely, Lehrbuch der allgemeinen Geschichte für die oberen Classen der Mittelschulen, II. Band, 7. Auflage.

VII. Classe: Gindely, Lehrbuch der allgemeinen Geschichte für die oberen Classen der Mittelschulen, III. Band, 7. Auflage.

VIII. Classe: Gindely, Schimmer und Steinhauser, Österreichische Vaterlandskunde für die höheren Classen der Mittelschulen.

6. Mathematik.

I. Classe: Močnik, Lehrbuch der Arithmetik für Untergymnasien, I. Abtheilung, 29. Auflage. Hočevar, Lehr- und Übungsbuch der Geometrie für Untergymnasien.

II. Classe: Močnik, Lehrbuch der Arithmetik für Untergymnasien, I. Abtheilung, 29. Auflage Hočevar, Lehr- und Übungsbuch der Geometrie für Untergymnasien.

III. Classe: Močnik, Lehrbuch der Arithmetik für Untergymnasien, II. Abtheilung, 22. Auflage. Hočevar, Lehr- und Übungsbuch der Geometrie für Untergymnasien.

IV. Classe: Močnik, Lehrbuch der Arithmetik für Untergymnasien, II. Abtheilung, 22. Auflage. Hočevar, Lehr- und Übungsbuch der Geometrie für Untergymnasien.

V. bis VIII. Classe: Močnik, Lehrbuch der Arithmetik und Algebra für die oberen Classen der Mittelschulen, 21. Auflage.

V. Classe: Wapienik, Lehrbuch der Geometrie für die oberen Classen der Mittelschulen.

VI. bis VIII. Classe: Močnik, Lehrbuch der Geometrie für die oberen Classen der Mittelschulen, 21. Auflage.

VI. Classe: Schlömilch, Logarithmen und trigonometrische Tafeln.

VII. und VIII Classe: Adam, Taschenbuch der Logarithmen für Mittelschulen, 12. Auflage.

7. Naturgeschichte.

I. Classe: Pokorny, Illustrierte Naturgeschichte des Thierreiches, 20. Auflage.

II. Classe: Pokorny, Illustrierte Naturgeschichte des Thierreiches, 20. Auflage. Pokorny, Illustrierte Naturgeschichte des Pflanzenreiches, 16. Auflage.

III. Classe: Pokorny, Illustrierte Naturgeschichte des Mineralreiches, 11. Auflage.

V. Classe: Standfest, Leitfaden der Mineralogie. — Wretschko, Vorschule der Botanik, 4. Auflage.

VI. Classe: Graber, Leitfaden der Zoologie für die oberen Classen der Mittelschulen.

8. Naturlehre.

III. (2. Sem.), IV. Classe: Krist, Anfangsgründe der Naturlehre für die unteren Classen der Mittelschulen, besonders der Gymnasien, 16. Auflage.

VII. bis VIII. Classe: Handl, Lehrbuch der Physik für die oberen Classen der Mittelschulen, 3. Auflage.

9. Philosophische Propädeutik.

VII. Classe: Lindner, Lehrbuch der formalen Logik, 6. Auflage.

VIII. Classe: Lindner, Lehrbuch der empirischen Psychologie, 8. Auflage.

b) Relativ-obligate und freie Gegenstände.

1. Evangelische Religionslehre.

I. Abtheilung: *a)* Biblische Geschichte für die Schulen des Großherzogthums Baden, Lahr 1882; Buchrucker Karl, der kleine Katechismus Luthers, Nürnberg 1885; Gesangbuch für die evangelische Kirche in Württemberg 1862. — *b)* Der christliche Glaube und das christliche Leben von Heinrich Palmer, 8. Auflage 1884.

II. Abtheilung: K. R. Hagenbachs Leitfaden zum christlichen Religions-Unterrichte, 6. Auflage, revidiert von S. Martin Deutsch, Leipzig 1881.

2 Israelitische Religionslehre.

I. Abtheilung: *a)* Israelitische Glaubens- und Pflichtenlehre, von L. Breuer, Wien, 5. Auflage. — *b)* Die Geschichte der Israeliten unter ihren Königen bis zum babylonischen Exil, von Daniel Ehrmann, Prag 1885.

II. Abtheilung: *a)* Religionsbuch, wie in der I. Abtheilung. — *b)* Emanuel Hecht, Handbuch der israelitischen Geschichte von der Zeit des Bibel-Abschlusses bis zur Gegenwart, für Schüler jüdischer Lehranstalten, 4. Auflage.

3. Slovenische Sprache.

I. und II. Abtheilung: Sket, Slovenisches Sprach- und Übungsbuch nebst Chrestomathie, 3. Auflage.

III. Abtheilung: Šuman, Slovenska slovnica za srednje šole. — Sket, Slovensko berilo za 5. in 6. razred srednjich šol.

4. Steiermärkische Geschichte.

Dr. Hirsch K., Heimatkunde des Herzogthums Steiermark.

5. Stenographie.

Raetzsch H., Lehrgang der Stenographie nach F. X. Gabelsbergers System, neubearbeitet von Dr. R. Raetzsch, 48. Auflage.

V. Themen zu den deutschen Aufsätzen.

V. Classe a.

1. „Der Fischer“ und „Erlkönig“. Vergleichung der beiden Goethe'schen Gedichte. — 2. Die Elfen. (Nach den Goethe'schen Gedichten „der Fischer“, „Erlkönig“ und dem dänischen Volksliede „Erlkönigs Tochter.“) [Hausarbeit.] — 3. Wodurch weiß Schiller unser Mitgefühl für den Jüngling im Taucher zu erwecken? — 4. Warum kann Ibykus des Sängers Los mit dem der Kraniche vergleichen? [H.] — 5. Vergleichung des Liedes „Erlkönigs Tochter“ mit dem Heine'schen Gedichte „Belsazer“. — 6. Es soll der Sänger mit dem König gehen, sie beide wohnen auf der Menschheit Höhen. Schiller. [H.] — 7. An welchen Wirkungen zeigt sich die Macht des Gesanges in Uhlands „Bertran de Born“? — 8. Das Wesen der Romanze. (Gewinn unserer Lesestunden.) [H.] — 9. Was erscheint Uhlanden an Tells Gestalt so erhebend? — 10. Zu welcher Gedichtgattung ist Schillers „Kassandra“ zu rechnen? [H.] — 11. Auf welche Weise findet Ceres einen Trost in ihrem Schmerze ob des Verlustes der Tochter? — 12. Gemeinsame Züge in Kleists „Irin“ und Voßens „Der siebzigste Geburtstag“. [H.] — 13. Der Keim zum Verderben Siegfrieds und der Burgunden. — 14. Wie erklärt es sich, dass Hagen von Kriemhilde zum Schützer ihres Gatten erwählt wird? [H.] — 15. Und hüte deine Zunge wohl, bald ist ein böses Wort gesagt. O Gott, es war nicht bös gemeint — der andre aber geht und klagt. Diese Worte Freiligraths sind an der Hand des in dem Nibelungenliede entgegentretenden Menschenschicksals zu erläutern. — 16. Das Ertragen des Schmerzes. (Zusammenstellung unserer Beobachtungen an Gestalten der Geschichte und Dichtung.) [H.] — 17. Welche Züge verschönen Hagens düsteres Wesen? — 18. Das Fortwirken germanischer Kampfesfreudigkeit in uns näher liegenden Zeiten. (Nach unserem Lesestoffe.) [H.] — 19. Vergleichung der beiden mit der Überschrift „Wanderers Nachtlied“ versehenen Goethe'schen Gedichte. [H.] — 20. Die Jahreszeiten und der Dichter. *Dr. O. Adamek.*

V. Classe b.

1. Die Ereignisse in der Ballade Goethes „Erlkönig“. — 2. Vergleichung der Goethe'schen Ballade „Erlkönig“ und des dänischen Volksliedes „Erlkönigs Tochter“. — 3. Warum ist das Verhalten des Königs in Schillers „Taucher“ verabscheuenswert? — 4. Die Ereignisse und der Grundgedanke in Schillers „Die Kraniche des Ibykus.“ — 5. Über den Herkulescult im alten Rom. Nach Livius. — 6. Der Tod und die Apotheose des Romulus. Nach Livius. — 7. Tells Tod. Nach Uhland. — 8. Die Schlacht bei Kunaxa. Nach Xenophon. — 9. Charakteristik des Kyros. Nach Xenophon. — 10. Die Siegfriedsage. — 11. Mythisches im Nibelungenliede. — 12. Adler und Taube. Nach Goethe. — 13. Lykaon. Nach Ovid. — 14. Deukalion und Pyrrha. Nach Ovid. — 15. Die Grundzüge des altdeutschen Charakters. Nach der Nibelungen- und Amelungensage. — 16. Die Sagenmotive im Nibelungenliede. — 17. Die Heimkehr der Chryseis. Nach Ilias I. — 18. Charakteristik Hannibals. Nach Livius 21. c. 4. *F. Korp.*

VI. Classe a.

1. „Wo Könige bauen, haben Kärrner zu thun.“ [H.] — 2. Eine mittelalterliche Verlobung. (Nach dem Nibelungenliede.) [S.] — 3. Weshalb gelang den Römern die rasche Begründung einer Mittelmeerherrschaft? [H.] — 4. Parcivals Jugendgeschichte. [S.] — 5. *a)* Pompeius und Caesar. (Eine Parallele.) *b)* Alterthümliches Gepräge des Gedichtes „Hans Sachsens poetische Sendung“. [H.] — 6. Die Stellung des Synedrion gegenüber dem Messias. [S.] — 7. Was rühmt Klopstock an seinem Vaterlande? [H.] — 8. In welcher Weise greift Anwry bestimmend in das Geschick Hüons ein? [S.] — 9. An welche Erscheinungen des Mittelalters erinnert uns Wielands „Oberon“? [H.] — 10. Wodurch wird in „Minna von Barnhelm“ die Verbindung der beiden Parteien herbeigeführt? [S.] — 11. Inwiefern ist in „Minna von Barnhelm“ die Verwickelung und Lösung der Handlung besonders im Charakter Tellheims begründet? [H.] — 12. Der dramatische Aufbau des I. Actes der Tragödie „Emilia Galotti“. [H.] — 13. Kennzeichnender Eintritt der Habsburger in die deutsche Geschichte. (Versetzungsarbeit.) *Joh. G. Reis.*

VI. Classe b.

1. Den wahren Freund erkennt man in der Noth. — 2. Welche sind die Zeichen des beginnenden Verfalles römischer Größe nach den punischen Kriegen? — 3. Des Gralkönigs Amfortas Leiden und Erlösung. — 4. Vorzüge einer Gebirgslandschaft. — 5. Die Pflegstätten der deutschen Dichtkunst im Mittelalter. — 6. Das Weiß und Grün im Fahnenbande der Steier-

mark (Landesschild). — 7. Die Wahrheit des Satzes: „Der Edle lebt nach dem Tode fort“ ist aus der Geschichte zu beweisen. — 8. Klopstocks Wingolf. — 9. Oberon, ein romantisches Epos. — 10. Wer sich alle Büsche besieht, kommt selten zum Holze. — 11. Das Mittelmeer in der Geschichte des Alterthums. — 12. Liegt in Lessings „Minna von Barnhelm“ eine Charakteristik der Zeitverhältnisse? — 13. Die Handlung in Lessings „Emilia Galotti“. — 14. Die Verkehrsmittel unserer Zeit. *F. Zapta.*

VII. Classe a.

1. Alterthum und Mittelalter in ihren Unterschieden. — 2. Kennzeichnendes Auftreten des Georg und Franz im ersten Acte in Goethes „Götz von Berlichingen“. — 3. Götz und Weislingen. Charakterparallele nach Goethes „Götz“. — 4. Erläuterung des Goethe'schen Gedichtes *a)* „Meine Göttin“. *b)* „Mignon“. — 5. Wilhelm von Oranien. Charakterbild nach Goethes „Egmont“. — 6. *a)* Der Charakter Egmonts. *b)* Charakteristik der Niederländer nach Goethes „Egmont“. — 7. Gliederung und Gedankengang der dritten Philippischen Rede des Demosthenes. — 8. Charakteristik der Iphigenie. Nach Goethe. — 9. Welche Züge im Charakter des Pylades sind antik, welche modern? — 10. Über den Nutzen der Schaubühne. Nach Schiller. — 11. Die Bedeutung der Kunst in der Entwickelungsgeschichte der Menschheit. Nach Schillers „Die Künstler“. — 12. *a)* Die Einheit der Handlung in Schillers „Wilhelm Tell“. *b)* Die Vorgeschichte zu Schillers Tell. *F. Korp.*

VII. Classe b.

1. Folgen der Entdeckung Amerikas. — 2. *a)* Gedankengang von Herders Urtheil über die Künste der Griechen; *b)* Labor non onus sed beneficium. — 3. Götzens Diener Georg und Lerse. — 4. *a)* Worauf gründen sich die Beschwerden der Niederländer gegen die spanische Herrschaft? *b)* Warum ist Egmont der Liebling des Volkes? — 5. *a)* Egmont und Ferdinand; *b)* Welche Umstände bewirkten, dass uns Rom näher steht als Athen? — 6. *a)* Vergleich der in den Gedichten „Prometheus“ und „Grenzen der Menschheit“ ausgesprochenen Gedanken. *b)* Wie erklärt sich die Überlegenheit Frankreichs unter Ludwig XIV. über die anderen Staaten Europas? — 7. Sir Paulet. — 8. *a)* Wie hat Schiller die Hauptmomente des Lebens der Königin Maria Stuart in sein Drama eingeflochten? *b)* Welche Charakterzüge offenbart Maria Stuart auf ihrem Todesgange? — 9. *a)* Der Tod des Priamus. *b)* Die Laokoon-Episode (nach Vergil). — 10. Die Exposition in Goethes „Iphigenie“. — 11. Pylades. — 12. Welche Umstände begünstigten das Emporkommen Napoleons? — 13. „Wer durchs Leben sich frisch will schlagen, muss zu Schutz und Trutz gerüstet sein (Schiller). *F. M. Mayer.*

VIII. Classe a.

1. *a)* Unglück selber taugt nicht viel, doch es hat drei gute Kinder: Kraft, Erfahrung, Mitgefühl. *b)* Noth entwickelt Kraft. — 2. *a)* Charakteristik des Wirtes in Goethes „Hermann und Dorothea“. *b)* Welches Bild erhalten wir von dem Städtchen, welches Goethe zum Schauplatz seines „Hermann und Dorothea“ machte? — 3. *a)* Die beiden Hausfreunde in Goethes „Hermann und Dorothea“. *b)* Was sagen die Dichter von sich und ihrer Kunst? — 4. Wie sucht Oranien den Egmont zur Flucht zu bewegen? — 5. *a)* Egmont. *b)* Alba (Charakteristiken). *c)* Hat Young recht, wenn er das Leben einen Krieg nennt? — 6. *a)* Gang der Handlung in Goethes „Faust“, I.; *b)* Gedankengang im zweiten Theil von Schillers „Glocke“. — 7. Die Jungfrau von Orleans in ihrer Heimat. — 8. Johanna d' Arc vor dem Könige. — 9. *a)* Wie kann man seine Dankbarkeit gegen die Anstalt bezeugen, der man seine Bildung verdankt? *b)* Inwiefern kann man behaupten, dass der Mensch heute nicht mehr ein Sclave der Natur sei? — 10. Lessing über das oberste Gesetz der Kunst bei den Griechen. — 11. *a)* Die Exposition in Goethes „Tasso“. *b)* Das antike und das moderne Theater. — 12. *a)* Die Lichtseiten der Auswanderung. *b)* Italienisches Hofleben zur Zeit Tassos (nach Goethes „T. Tasso“). — 13. Die ruhmvollsten Tage Österreichs in den letzten drei Jahrhunderten (Maturitätsprüfungsarbeit). *F. M. Mayer.*

VIII. Classe b.

1. Schillers ästhetisch-sittliche Anschauung. (Nach dem Gedichte „Ideal und Leben“) [H.] — 2. Auf Poesie ist die Sicherheit der Throne gegründet. Gneisenau. [H.] — 3. Schillers Lebensanschauung und sein Lebenslauf. — 4. Das Naturgefühl in den von uns gelesenen Gedichten Schillers. [H.] — 5., 6., 7., 8. Schillers Braut von Messina: *a)* Zergliederung der zwei ersten Chorscenen und deren Beziehung zur Handlung. *b)* Waltet das Schicksal in dieser Tragödie oder fallen die Handelnden nicht schuldlos? [H.] *c)* Das katholische Moralprincip in der Braut von Messina. [H.] *d)* Mit welchen Gründen rechtfertigt Schiller die Einführung des

Chores? — 9. Schillers „Kraniche des Ibykus“ und Schlegels „Arion“. [II.] — 10. Die Quellen von Tassos Leiden. — 11. Der Dichter. (Verarbeitung der aus Goethes „Tasso“ gesammelten Aussprüche.) [II.] — 12. „Einen Hof kann die Poesie entbehren, ein Vaterland nicht.“ Curtius. — 13. Zusammenstellung der Ergebnisse, welche die Lesung von Schillers Abhandlung „Über naive und sentimentalische Dichtung“, an den Tag brachte. [II.] — 14. Die ruhmvollsten Tage Österreichs in den letzten drei Jahrhunderten. [Prüfungsarbeit für die Abiturienten.]

Dr. O. Adamek.

VI. Lehrmittel-Sammlungen.

1. Bibliothek.

a) Lehrerbibliothek.

Custoden: Prof. Franz Korp, Prof. Gabriel Mitterstiller und Prof. Dr. Otto Adamek.

α) Ankauf.

Aus deutschen Lesebüchern, 5. Bd., 3.—8. Lief. — Grimm, Deutsches Wörterbuch, 7. Bd., 12. Lief. — Neudrucke Nr. 77, 78. — Rappold, Die am Gymnasium auswendig zu lernenden deutschen Gedichte. Wien 1888, Pichler.

Baumeister, Denkmäler des classischen Alterthums 62.—68. (Schluss). — Gerber-Greef, Lexikon Taciteum fasc. VII. — Müller, Handbuch der classischen Alterthumswissenschaft, 10. 13. Halbband. — Roscher, Lexikon der griechischen und römischen Mythologie, 13., 14. Lief.

Curtius, Griechische Geschichte, 2. Bd., 6. Aufl. Berlin 1888 Weidmann. — Janssen, Geschichte des deutschen Volkes, 6. Bd.; Freiburg 1888 Herder. — Kirchenschmuck 7.—12., 1.—5. — Mittheilungen des historischen Vereins für Steiermark 36. Heft. — Österreichisch-ungarische Monarchie 64.—84. — Ranke, Sämmtliche Werke, 51., 52. Bd.; Weltgeschichte, 9. Bd. — Mittheilungen der geographischen Gesellschaft 5.—12., 1.—3. — Petermann, Geographische Mittheilungen 7.—12., 1.—5.

Wiedemann, Beiblätter zu den Annalen der Physik und Chemie, Jg. 1888, 6.—12. — Zeitschrift für mathematischen und naturwissenschaftlichen Unterricht 4.—8., 1. 2.

Bronn, Thierreich, 1. Bd., 47.—61. Lief.; 5. Bd., 2. Abth., 18.—22. Lief.; 6. Bd., 4. Abth., 21.—24. Lief.; 2. Bd., 3. Abth., 1.—3. Lief.; 4. Bd., 7. Lief. — Engler-Prantl, Pflanzenfamilien, 20.—33. Lief. — Rabenhorst, Kryptogamen-Flora, 1. Bd. 3. Abth., 30. Lief.; 4. Bd., 10., 11. Lief.; 3. Bd., 12—14. Lief. — Verhandlungen der zoologisch-botanischen Gesellschaft in Wien, Jg. 1888 (38. Bd.). — Zittel, Paläontologie, 2. Abth., 6. Lief.; 1. Abth., 3. Bd., 2. Lief. (Gesammtfolge 1. Abth., 11. Lief.)

Klussmann, Systematisches Verzeichnis der Programm-Abhandlungen von 1876—1885. — Lehrproben und Lehrgänge, 15.—19. — Marenzeller, Normalien, II. Theil. — Neubauer-Diviš, Jahrbuch des höheren Unterrichtswesens in Österreich. 2. Jg. Prag, Wien 1889 Tempsky. — Verhandlungen der Directoren-Versammlungen, 27. Bd. (Pommern), 28. Bd. (Posen), 29. Bd. (Hannover), 30. Bd. (Schlesien). Berlin 1888 Weidmann. — Zeitschrift für das Gymnasialwesen. Berlin 1889. — Zeitschrift für die österr. Gymnasien. Wien 1889.

β) Geschenke.

Annual report of the board of regents of the Smithsonian institution. Part. II. Washington 1886 Governement Printing Office.

Wichner, Geschichte des Clarissenklosters Paradeis zu Judenburg in Steierm. Wien 1888, Tempsky (Verfasser).

Schmidt, Über einige geographische Veranschaulichungs Mittel (Ein Globus, ein Tellurium, ein Apparat zur Erläuterung des Foucault'schen Pendelversuches, Graphische Darstellungen). Mit 58 in den Text gedruckten Figuren. Wien und Olmütz 1889 Hölzel (Verleger).

Österreichische botanische Zeitschrift, 7.—12., 1.—5. (Ministerium für Cultus und Unterricht).

Mittheilungen des naturwissenschaftlichen Vereines für Steiermark, Jg. 1888 (Schulrath Dr. Maurer).

b) Schülerbibliothek.

Custos: Professor Alfred Heinrich.

a) Ankauf.

Die österreichisch-ungarische Monarchie in Wort und Bild, Lief. 61–86. — Smolle L., Charakterbilder aus der vaterländischen Geschichte. — Smolle L., Das Buch von unserem Kaiser 1848–1888. — Hörnes M., Bosnien und die Hercegowina. — Kraus Fried., Kroatien und Slavonien. — Proschko Her., Jugendheimat 3. Jahrg. — Schwicker J. H., Ungarische Hochlandsbilder. — du Nord W., Aus der Kaiserstadt. — Zöhrer Ferd., Der letzte Ritter. — Groner A., In Ritterburgen und unter fahrenden Leuten. — Zöhrer Ferd., Österreichische Alpengeschichten. — Zöhrer Ferd., Kreuz und Schwert. — Höcker Gust., Die Mongolenschlacht bei Olmütz. — Groner A., Erzählungen aus der Geschichte Österreich-Ungarns.

b) Geschenke.

Von den Herren Verfassern: Noë H., Monatsschrift des steiermärk. Stenographenvereines in Graz, Jahrg. 1887 u. 1888. — v. Stache, Schatzkästlein der Kunst.

Von der Verlagsbuchhandlung K. Gräser in Wien: Schulausgaben classischer Werke. Goethe, Reineke Fuchs; Schiller, Fiesco; Schiller, Wallenstein; Kleist, Prinz Friedrich von Homburg; Voss, Luise; Collin, Regulus; Friedrich v. Gentz, Österreichische Manifeste von 1809–1813; Molière, Der Geizige. — Hauffs Märchen. I. Die Karawane.

Von der Verlagsbuchhandlung A. Hölder in Wien: Goethes Faust I. Theil, von Horak.

Anhang.

Bibliothek des Vereines zur Unterstützung würdiger Schüler der Anstalt.

Geschenke.

Von der Verlagsbuchhandlung C. Gerold's Sohn in Wien: Caesaris comm. de bello civili II. recog. Hoffmann. — Ciceronis orationes pro Milone, pro Ligario, pro rege Deiotaro, ed. Kornitzer. — Cic. pro Rosc. Am., ed. Kornitzer. — Cic. de officiis, ed. Kornitzer. Herodoti de bello persico librorum epitome, ed. Lauczizky. — Homeri Ilias epitome, III., ed. Scheindler. — Taciti ab excessu libri XI—XVI, ed. Prammer. — Taciti Germania, ed. Prammer.

Von der Verlagsbuchhandlung A. Hölder in Wien: Schmidt K., Lateinische Schulgrammatik, 7. Auflage, 2 Exemplare.

Von Herrn Regierungsrath Ig. Eizinger: Zeller, Gesch. d. göttl. Offenb. d. a. B. Hauler, Aufg. z. Einübung d. lat. Syntax, I. — Corn. Nep. vitae, ed. Weidner. — Kummer und Stejskal, Deutsches Leseb., III. Bd. — Hannak, Lehrb. d. Gesch. d. Mittelalters. — Suppan, Lehrb. d. Geogr. — Krist, Aufgsgr. d. Naturl. — Hannak, Lehrb. d. Gesch. d. Alterth. f. d. unt. Cl.

2. Geographisches Cabinet.

Custos: Professor Dr. Otto Adamek.

Ankauf.

Karte der Umgebung von Graz. Herausgeg. vom Stadtschulrathe. 1 : 10.000. 2 Stücke.

3. Physikalisches Cabinet.

Custos: Professor Adam Wapienik.

Ankauf.

Chromsäure-Tauchbatterie. — Heliostat in Verbindung mit einem Sonnenmikroscop und Polarisationsapparat. — Solenoid aus Aluminium. — Apparat nach Mach, um die Linsenwirkung zu demonstrieren.

4. Naturhistorisches Cabinet.

Custos: Professor Dr. Anton Ausserer; seit 17. Jänner 1889 Professor Dr. Franz Standfest.

a) Ankauf.

Skelett von Vultur fulvus und von Anguis fragilis, Längsschnitt durch Fringilla pyrrhula, Corvus corone im Ei und ebenso Zamenis Aesculapii. Ein Stück eines Pferdemagens mit den Larven von Gastrophilus equus. — Vier Schwefelkrystalle von Perticara, gediegen Silber von

Freiberg, Wismuth vom Schneeberg, Eisenglanz von Elba, 3 Stücke Quarz auf Marmor von Carrara, Calcit von Cumberland, Grünblei von Přibram, Granat vom Fort Wrangel, Almadin aus Ägypten.

b) Geschenke.

Von Professor Alfred Heinrich: Gebogene devonische Schiefer aus dem Badelgraben; vom Schüler der V. *a* Julius Mara: verschieden gefärbte Individuen der Lacerta agilis; vom Schüler der V. *b* Pantaleon Hyden: Lycoperdon bovista; vom Schüler der III. *b* Albert Reinert: Puppen des Nachtpfauenauges; von den Schülern der I. *b* Rudolf Brougier, Albert Hussak, Rudolf Jaksch, Rudolf Knaur, Johann Rath, Max Saiz und Ernst Steyrer: Insecten verschiedener Ordnungen; vom Custos: 31 Stücke gemalter Käferbilder im durchschnittlichen Maßstabe von 15:1, 45 Mineralproben fürs Löthrohr und 8 Stücke künstlicher Salze.

5. Lehrmittel-Sammlung für den Zeichenunterricht.

Custos: Professor Ludwig R. v. Kurz.

Ankauf.

16 Drahtmodelle, 3 elementare und 3 architektonische Holzmodelle vom Mechaniker Franz Steflitschek in Wien. — Herdtle Eduard: Flächenverzierungen des Mittelalters und der Renaissance: 1. und 2. Abtheilung: Fliese, 3. und 4. Abtheilung: Stoffe (106 Blätter). — 3 Stative zum Aufstellen der Draht- und Holzmodelle sammt 4 Klemmstangen.

6. Stand der Lehrmittel-Sammlungen am Schlusse des Schuljahres 1888/9.

a) Lehrerbibliothek	Anzahl der Bände	3400
	" " Hefte	1462
	" " Programme	11377
b) Schülerbibliothek	Anzahl der Werke	709
	" " Bände	1211
c) Bibliothek des Unterstützungsvereines	Anzahl der Bände	166
	" " Hefte	5
d) Geographisch-historische Lehrmittel:		
Wandkarten		135
Bilder		92
Reliefkarten		10
Globen		3
Tellurien		2
e) Physikalische Apparate. Zahl der Stücke		533
f) Lehrmittel für den Unterricht in der Chemie. Zahl der Stücke		31
g) Geometrische Lehrmittel:		
Körper und Modelle. Gesammtnummern		16
h) Zoologische Sammlung:		
Skelette der Wirbelthiere		62
Ausgestopfte Thiere (Säugethiere und Vögel)		177
Andere Thiere		273
Sonstige zoologische Gegenstände		796
i) Botanische Sammlung:		
Getrocknete Pflanzen. Zahl der Fascikel		15
Hölzer, fossile Pflanzen		49
Mikroskopische Präparate		132
Modelle		3
k) Mineralogische Sammlung:		
Mineralien. Zahl der Stücke		1332
Krystallmodelle		129
l) Naturwissenschaftliche Abbildungen		573
m) Lehrmittel für den Zeichenunterricht:		
α) Drahtmodelle	Zahl der Stücke	47
β) Holzmodelle	" " "	30
γ) Gipsmodelle, architektonische	" " "	31
" ornamentale	" " "	108
" figurale	" " "	49
δ) Vorlagen und Hilfswerke	" " "	2298
ε) Geräthe	" " "	16

VII. Statistik der Schüler.

1. Zahl der Schüler.	I. a	I. b	II. a	II. b	III. a	III. b	IV. a	IV. b	V. a	V. b	VI. a	VI. b	VII. a	VII. b	VIII. a	VIII. b	Zusammen
Zu Ende 1887/8	53	52	41	40	45	46	37	28	43	40	39	37	37	36	41	42	660
Zu Anfang 1888/9 . . .	61	62	50	48	40	41	41	44	42	42	34	32	34	33	38	37	682
Währ. d. Schuljahr. eingetr.	1		1		—							—	—				2
Im ganzen also aufgenom.	62	62	51	48	40	41	41	41	42	42	34	32	34	33	38	37	684
Darunter neu aufgen. u. zw.:																	
aufgestiegen . . .	56	51	6	6	3	1	4	2	6	29	1	1			1	4	177
Repetenten			—		—	1						1					2
Wieder aufgen. und zwar:																	
aufgestiegen . . .			40	42	32	31	36	39	33	41	31	29	33	32	36	33	461
Repetenten	6	8	5		5	2	4	3	3	2	2	1	1	1	1		44
Währ. d. Schuljahr. ausgetr.	5	1	2	2	2^{1}		2	2	3	2	1	1		4			27^{1}
Schülerz. zu Ende 1888/9	57	61	49	46	37	41	42	42	39	40	33	31	34	29	38	37	656
Darunter öffentl. Schüler	56	59	48	44	35	39	41	41	39	39	33	31	33	29	38	37	642
Privatisten	1	2	1	2	2	2	1	1	—	1	—		1			—	14

2. Geburtsort (Vaterland).*	I. a	I. b	II. a	II. b	III. a	III. b	IV. a	IV. b	V. a	V. b	VI. a	VI. b	VII. a	VII. b	VIII. a	VIII. b	Zusammen
Graz	24^{1}	29^{1}	14	10^{1}	14^{1}	19	17	9	12	5	13	5	7^{1}	9	5	11	263^{5}
Steiermark außer Graz .	14	20	17^{1}	14	9	8^{1}	17	13^{1}	7	29	10	19	23	7	22	8	237^{3}
Österreich unter der Enns	2	5	2	4	2	5	2	4	4	1	2		-	3	4	7	47
„ ob der Enns .	—	—	—	1	—	—	—	—	1	—	—	—	1	—	1	—	4
Salzburg	—	—	—	1	—	—	—	—	—	2	—	—	—	—	—	—	3
Kärnten	4	—	1	1	2	—	1	3	1	—	1	3	—	1	—	2	20
Krain	—	1	6	2	2	1	—	2	2	—		—	—	1	1		18
Tirol	2	0^{1}	—	1	1	—	0^{1}	1	—	—	—	—	1	—	—	—	6^{2}
Küstenland	1	1	1	2	—	2	—	—	3	—	2	—	—	2	—	2	16
Dalmatien	—	—	1	—	—	—	—	—	—	—	—	—	—	—	1	—	2
Böhmen	—	—	2	2	1	—	—	—	2	—	—	—	—	1	—	2	10
Mähren	2	—	—	—	—	2^{1}	1	2	2	—	2	1	—	—	—	1	13^{1}
Schlesien	1	—	—	—	—	—	1	—	2	—	1	—	—	—	2	—	7
Galizien	—	—	—	—	2	1	—	1	—	—	—	—	—	1	—	1	6
Ungarn	4	3	2	2^{1}	—	1	1	3	1	2	2	2	1	2	—	—	26^{1}
Kroatien	—	—	—	2	—	—	1	1	—	—	—	—	—	—	1	—	5
Slavonien	—	—	—	—	1	—	—	—	—	—	—	—	—	—	—	—	1
Bosnien	—	—	—	—	—	—	—	1	—	—	—	—	—	—	—	—	1
Deutsches Reich	2	—	1	1	1	—	—	—	—	—	—	1	—	2	1	1	10
Liechtenstein	—	—	—	—	—	—	—	—	—	—	—	—	—	—	—	1	1
Italien	—	—	—	—	—	—	—	—	—	0^{1}	—	—	—	—	—	—	0^{1}
Serbien	—	—	—	—	—	—	—	1	—	—	—	—	—	—	—	—	1
Rumänien	—	—	—	1	—	—	—	—	—	—	—	—	—	—	—	—	1
Schweiz	—	—	—	—	—	—	—	—	—	—	—	—	—	—	—	1	1
Rußland	—	—	1	—	—	—	—	—	—	—	—	—	—	—	—	—	1
Türkei	—	—	—	—	0^{1}	—	—	—	—	—	—	—	—	—	—	—	0^{1}
Ägypten	—	-	—	—	—	—	—	—	1	—	—	—	—	—	—	—	1
Vereinigte Staaten von Amerika	—	—	—	—	—	—	—	—	1	—	—	—	—	—	—	—	1
Summe .	56^{1}	59^{2}	48^{1}	44^{2}	35^{4}	39^{2}	41^{1}	41^{1}	39	39^{1}	33	31	33^{1}	29	38	37	642^{14}

* Die rechts oben stehenden Zahlen beziehen sich auf die Privatisten.

3. Muttersprache.

	I. a	I. b	II. a	II. b	III. a	III. b	IV. a	IV. b	V. a	V. b	VI. a	VI. b	VII. a	VII. b	VIII. a	VIII. b	Zusammen
Deutsch	51^{1}	56^{2}	43^{1}	39^{1}	34^{2}	38^{2}	39^{1}	35^{1}	36	38^{1}	29	31	32^{1}	28	37	35	604^{13}
Slovenisch	1	2	2	3	—	1	2	1	—	1	1	—	1	—	—	1	16
Czecho slavisch	—	—	—	—	—	—	—	—	1	—	1	—	—	1	—	—	3
Serbo kroatisch	—	—	—	—	1	—	—	2	—	—	—	—	—	—	—	—	3
Polnisch	—	—	1	—		—	—	—	—	—	—	—	—	—	—	1	2
Magyarisch	1	1	1	2^{1}	—	—	—	3	—	—	1	—	—	—	—	—	9^{1}
Italienisch	—	—	1	—	—	—	—	—	2	—	1	—	—	—	1	—	5
Summe	56^{1}	59^{2}	48^{1}	44^{2}	35^{2}	39^{2}	41^{1}	41^{1}	39	39^{1}	33	31	33^{1}	29	38	37	612^{13}

4. Religionsbekenntnis.

	I. a	I. b	II. a	II. b	III. a	III. b	IV. a	IV. b	V. a	V. b	VI. a	VI. b	VII. a	VII. b	VIII. a	VIII. b	Zusammen
Katholisch des lat. Ritus	51^{1}	56^{2}	47^{1}	39^{2}	33^{2}	33^{1}	40^{1}	36^{1}	37	38^{1}	31	30	33^{1}	25	37	33	602^{13}
„ „ griech. „	—	—	—	—	—	—	—	—	—	—	—	—	—	—	—	—	—
Griechisch-orientalisch	—	—	—	1	1	1	—	2	—	—	—	—	—	—	—	—	5
Evangelisch A. C.	2	3	1	3	1	3^{1}	1	1	1	1	2	1	—	3	—	4	27^{1}
„ H. C.	—	—	—	1	—	—	—	—	1	—	—	—	—	—	—	—	2
Israelitisch	—	—	—	—	—	2	—	2	—	—	—	—	—	1	1	—	6
Summe	56^{1}	59^{2}	48^{1}	41^{2}	35^{2}	39^{2}	41^{1}	41^{1}	39	39^{1}	33	31	33^{1}	29	38	37	612^{14}

5. Lebensalter.

	I. a	I. b	II. a	II. b	III. a	III. b	IV. a	IV. b	V. a	V. b	VI. a	VI. b	VII. a	VII. b	VIII. a	VIII. b	Zusammen
11 Jahre	20^{1}	17^{1}	—	—	—	—	—	—	—	—	—	—	—	—	—	—	37^{2}
12 „	19	23	11	18^{2}	2	1^{1}	—	—	—	—	—	—	—	—	—	—	74^{3}
13 „	10	10	19^{1}	11	12^{1}	16	—	5	—	—	—	—	—	—	—	—	83^{2}
14 „	5	5	12	7	12	10^{1}	15	14^{1}	1	—	—	—	—	—	—	—	81^{2}
15 „	1	4^{1}	4	5	7^{1}	9	13	7	12	9	—	3	—	—	—	—	74^{2}
16 „	1	—	2	3	1	3	10	10	10	10	11	9	1	5	—	—	76
17 „	—	—	—	—	—	—	3^{1}	3	10	11^{1}	12	9	4	13	3	4	75^{2}
18 „	—	—	—	—	—	—	—	2	4	4	5	5	7	6	10	15	58
19 „	—	—	—	—	1	—	—	—	2	2	4	4	14	3	11	12	53
20 „	—	—	—	—	—	—	—	—	—	—	—	1	7^{1}	2	10	5	25^{1}
21 „	—	—	—	—	—	—	—	—	—	—	1	—	—	—	4	1	6
Summe	56^{1}	59^{2}	48^{1}	44^{2}	35^{2}	39^{2}	41^{1}	41^{1}	39	39^{1}	33	31	33^{1}	29	38	37	612^{14}

6. Nach dem Wohnorte der Eltern.

	I. a	I. b	II. a	II. b	III. a	III. b	IV. a	IV. b	V. a	V. b	VI. a	VI. b	VII. a	VII. b	VIII. a	VIII. b	Zusammen
Ortsangehörige	40^{1}	40^{2}	25	30^{2}	26^{1}	33^{1}	27^{1}	25	32	11^{1}	26	13	11^{1}	9	14	32	394^{10}
Auswärtige	16	19	23^{1}	14	9^{1}	6^{1}	14	16^{1}	7	28	7	18	22	20	24	5	248^{4}
Summe	56^{1}	59^{2}	48^{1}	44^{2}	35^{2}	39^{2}	41^{1}	41^{1}	39	39^{1}	33	31	33^{1}	29	38	37	642^{14}

7. Classification.

a) Zu Ende d. Schuljahres 1888 89.

	I. a	I. b	II. a	II. b	III. a	III. b	IV. a	IV. b	V. a	V. b	VI. a	VI. b	VII. a	VII. b	VIII. a	VIII. b	Zusammen
I. Fortgangsclasse m. Vorz.	5	5^{1}	3	6^{2}	7	5^{1}	4	5	5	4	4	8	8	8	4	4	85^{1}
I. „	39	41^{1}	36	28	21^{1}	28	31^{1}	32^{1}	25	32	26	20	23	17	33	30	465^{4}
Zu einer Wiederholungsprüfung zugelassen	4^{1}	3	3	5	3^{1}	3^{1}	2	2	5	1^{1}	1	1	1	4	—	2	40^{1}
II. Fortgangsclasse	7	7	5	4	3	2	1	2	4	1	2	2	1	—	—	1	42
III. „	1	2	1	—	1	1		—	—	1			—	—	—	—	7
Zu einer Nachtragsprüfung zugelassen		1	0^{1}	1	—	—	—	—			—		0^{1}	—	1	—	3^{2}
Summe	56^{1}	59^{2}	48^{1}	44^{2}	35^{2}	39^{2}	41^{1}	41^{1}	39	39^{1}	33	31	33^{1}	29	38	37	612^{14}

b) Nachtrag zum Schuljahre 1887/88.

Wiederholungsprüfungen waren bewilligt .	7^{1}	5	5^{1}	4^{1}	3^{1}		4	1^{1}	4	2	3^{1}	1	1	5		0^{1}	48
Entsprochen haben . .	5^{1}	3	3^{1}	3^{1}	3^{1}		2	1^{1}	2	2	1^{1}	3	1	1			33
Nicht entsprochen haben (oder nicht erschienen sind)	2	2	2	1		-	2		2		2	1		1		0^{1}	15^{1}
Nachtragsprüfungen waren bewilligt		—	1				1	—		-	1		1			1	5
Entsprochen haben . .		-	1			—	1	—			1		-		—	-	3
Nicht entsprochen haben				-			-	-		-							
Nicht erschienen sind .		—				—			—				1		-	1	2
Darnach ist das Ergebnis für 1887/88:																	
I. Fortgangsclasse m. Vorz.	3	2^{2}	4	4	2	6	4^{1}	2	1	7	12	7	5	5	7	10	81^{1}
I. „	38^{2}	39	28^{3}	31^{3}	37^{1}	33^{1}	22^{5}	19^{2}	33	27	23^{1}	27	31	29	37	28^{1}	482^{26}
II. „	9	7	5	2	2	3^{1}	5	5	7	6	3	3		2		0^{1}	59^{1}
III. „	1	2	1		2^{1}	2	—	—	2	—			—	—		-	10^{1}
Ungeprüft blieben . . .	-	—	-		-	—	—	—	—	—	-		1	—	—	1	2
Summe	51^{2}	50^{2}	38^{3}	37^{3}	43^{2}	44^{2}	31^{6}	26^{2}	43	40	38^{1}	37	37	36	44	39^{1}	634^{26}

8. Geldleistungen der Schüler.

Das ganze Schulgeld zahlten																	
Im I. Semester . .	62	62	33	29	29	31	30	31	25	38	23	12	11	19	16	28	479
„ II. „	32	33	31	32	30	31	29	29	27	15	21	11	15	19	14	28	397
Zur Hälfte waren befreit:																	
Im I. Semester . . .	—	—	1	—	—	1	—	1	—	—	—	—	—	—	—	—	3
„ II. „ . . .	1	—	2	—	—	—	—	1	—	—	—	—	—	—	—	—	4
Ganz befreit waren:																	
Im I. Semester . .	—	—	16	19	11	9	14	11	15	4	11	20	23	13	22	9	197
„ II. „ . .	24	28	16	14	8	10	13	12	12	26	12	20	19	11	24	9	258
Das Schulgeld betrug im ganzen:																	
Im I. Semester . . fl.	—	—	—	—	—	—	—	—	—	—	—	—	—	—	—	—	9610
„ II. „ . . fl.	—	—	—	—	—	—	—	—	—	—	—	—	—	—	—	—	7980
Zusammen . fl.	—	—	—	—	—	—	—	—	—	—	—	—	—	—	—	—	17590
Aufnahmstaxen zahlten . Gesammtbetrag der Aufnahmstaxen . fl. 375·9	56	54	6	6	3	5	4	2	6	29	1	2	—	—	1	4	179
Lehrmittelbeiträge zahlten Gesammtbetrag der Lehrmittelbeiträge . fl. 684	62	62	51	48	40	41	44	44	42	42	34	32	34	33	38	37	684
Die Taxen für Zeugnisduplikate betrugen fl. 40																	

9. Besuch d. Unterr. in den relativ-obligaten u. nicht obligaten Gegenständen.	I. a	I. b	II. a	II. b	III. a	III. b	IV. a	IV. b	V. a	V. b	VI. a	VI. b	VII. a	VII. b	VIII. a	VIII. b	Zusammen
Zweite Landesspr. (slov.)																	
I. Curs	1	2	4	5	—	3	1	—	1	1	—	—	—	—	—	—	18
II. „	—	—	—	—	—	—	—	1	2	—	6	1	1	1	—	—	12
III. „	—	—	—	—	—	—	1	1	—	—	1	—	—	1	2	1	7
Kalligraphie	13	17	4	6	—	—	—	—	—	—	—	—	—	—	—	—	40
Freihandzeichnen	—	—	—	—	7	5	4	2	—	—	—	1	—	1	—	3	23
Turnen:																	
I. Abtheilung	9	19	—	—	—	—	—	—	—	—	—	—	—	—	—	—	28
II. „	—	—	10	9	3	6	—	—	—	—	—	—	—	—	—	—	28
III. „	—	—	—	—	1	—	11	9	11	—	—	—	—	—	—	—	32
IV. „	—	—	—	—	—	—	—	—	—	—	4	5	2	7	2	1	21
Gesang:																	
I. Abtheilung	9	13	—	4	1	—	—	—	—	—	—	—	—	—	—	—	27
II. „	—	1	3	8	3	3	4	—	3	1	—	1	1	4	—	—	32
Stenographie:																	
I. Curs Abth. *a*	—	—	—	—	—	—	13	10	10	1	—	—	—	—	—	—	34
I. „ „ *b*	—	—	—	—	—	—	6	8	2	1	2	2	—	—	—	—	21
II. „	—	—	—	—	—	—	—	—	14	—	13	4	—	4	—	—	35
10. Stipendien.																	
Anzahl der Stipendien	1	—	4	3	2	1	2	5	3	8	2	8	7	5	8	4	63
Anzahl d. Stipendisten	1	—	4	3	2	1	2	4*	3	8	2	8	7	5	8	4	62
Gesammtbetrag der Stipendien . . . fl. 10254																	

* Ein Stipendist im II. Semester im Genusse zweier Stipendien.

VIII. Maturitätsprüfungen.

a) Im Herbsttermine 1888.

Zu dieser Prüfung, welche am 19. September unter dem Vorsitze des k. k. Landesschulinspectors Herrn Dr. Johann Zindler abgehalten wurde, erschienen 12 öffentliche Schüler, von welchen 1 die ganze Prüfung und 11 eine Wiederholungsprüfung aus einem Gegenstande abzulegen hatten. Von denselben erhielten 9 ein Zeugnis der Reife; 3 wurden auf ein Jahr reprobiert. Die Approbierten sind:

Nr.	Name	Geburtsort	Tag u. Jahr der Geburt	Dauer der Gymnasialstudien nach Jahren	Künftiger Beruf
1	Jutmann Ernst	Graz	19. März 1868	9	Philologie
2	Krause Franz	Weisbach in Böhmen	2. Nov. 1867	8	Theologie
3	Kuhn Otto	Graz	7. Juni 1868	9	Theologie
4	Kunter Heinrich	Bierbaum bei Fürstenfeld	20. März 1869	8	Theologie
5	Neuwirth Josef	St. Nikolai ob Draßling	18. Sept. 1866	9	Theologie
6	Resch Florian	St. Josef bei Stainz	31. Mai 1869	8	Theologie
7	Schmid Adolf	Wien in Niederösterreich	31. Mai 1869	8	Jus
8	Urpani Franz	Neu-Gradisca in Slavonien	9. Mai 1870	8	Medicin
9	Zamikal Ferdinand	Villach in Kärnten	25. Aug. 1869	9	Jus

b) Im Sommertermine 1889.

Die Themen für die schriftliche Maturitätsprüfung, welcher sich 72 öffentliche Schüler und 4 Externe unterzogen haben, waren:

I. Aus dem Deutschen: „Die ruhmvollsten Tage Österreichs in den letzten drei Jahrhunderten.“

II. Übersetzung aus dem Deutschen ins Lateinische: Aus Brant's Aufgaben zum Übersetzen in das Lateinische S. 54: „Kaum hatte sich Agesilaus . . . Befehl erhielt.“

III. Übersetzung aus dem Lateinischen in's Deutsche: Vergil, Aen. lib. XI, v. 182—219 (Aurora interea . . . sibi poscat honores).

IV. Übersetzung aus dem Griechischen in's Deutsche: Herodot IX. c. 96—98.

V. Slovenische Sprache: Valentin Vodnik. Njegovo življenje in slovstveno delovanje.

VI. Aus der Mathematik:

1. Der Bruch $\frac{187}{60}$ ist in drei Partialbrüche mit den Nennern 3, 4 und 5 zu zerlegen.
2. Ein Dreieck zu construieren und zu berechnen, wenn gegeben ist eine Seite a, die Differenz der anderen Seiten $d = c - b$ und der Winkel β.
   Für die Berechnung sei $a = 229\,m$; $d = 171\,m$; $\beta = 15^\circ\,11'\,20''$.
3. Man berechne die Gleichung der Geraden, welche durch den Punkt $M_1 = (2, \;11{\cdot}3)$ geht und vom Ursprunge die Entfernung 2·5 hat und bestimme den Flächeninhalt des Dreieckes, welches die Gerade mit den Coordinatenachsen bildet.

Über das Ergebnis der mündlichen Prüfung, welche am 8. Juli unter dem Vorsitze des hochwürdigen Herrn Canonicus Anton Griessl, Mitgliedes des k. k. Landesschulrathes, beginnen wird, wird im nächstjährigen Programme an dieser Stelle berichtet werden.

IX. Preisprüfungen.

1. Der Preisprüfung aus der griechischen Sprache, welche am 13. April unter dem Vorsitze des k. k. Landesschulinspectors Herrn Dr. Johann Zindler und in Anwesenheit des Directors und mehrerer Mitglieder des Lehrkörpers vom Professor Dr. Anton Mayr abgehalten wurde, haben sich 6 Schüler der beiden Abtheilungen der VIII. Classe unterzogen, nämlich: Breitenberger Johann, Longin Emil, Muhry Karl, Nekowitsch Leopold, Riegler Ferdinand und Wolf Edler von Glanwell Victor. Als die vorzüglichste Leistung wurde einstimmig die des Schülers Victor Wolf Edler v. Glanwell bezeichnet, welchem infolge dessen der von J. Wartinger gestiftete Preis, bestehend in einer silbernen Medaille sammt Kette, zuerkannt und vom Herrn Vorsitzenden überreicht wurde. Einen zweiten Preis (Shakespeare-Studien von Herm. v. Friesen) erhielt Breitenberger Johann. Den Leistungen der übrigen Preisbewerber wurde vom Herrn Vorsitzenden die volle Anerkennung ausgesprochen.

2. Die Preisprüfung aus der lateinischen Sprache wurde am 20. Mai unter dem Vorsitze des Directors in Vertretung des k. k. Landesschulinspectors Herrn Dr. Johann Zindler und in Anwesenheit mehrerer Mitglieder des Lehrkörpers vom Professor Rudolf Casper abgehalten. Derselben haben sich folgende Schüler der VI. Classe unterzogen: Kuras Josef, Mader Anton, Schaffler Matthias, Sinschegg Valentin und Winter Matthäus. Den zum Andenken an das dreihundertjährige Jubiläum des k. k. I. Staats-Gymnasiums in Graz im J. 1874 gestifteten Preis, bestehend in einer silbernen Medaille sammt Kette, erhielt Winter Matthäus. Dem Preisträger zunächst kamen Schaffler Matthias und Mader Anton, welchen Bücherspenden zuerkannt wurden. Schaffler Matthias erhielt „Rom und römisches Leben im Alterthum“ von Herm. Bender und Mader Anton „Das Leben der Griechen und Römer nach antiken Bildwerken dargestellt von E. Guhl und W. Koner.“

3. Die Preisprüfung aus der steiermärkischen Geschichte wurde am 29. Mai unter dem Vorsitze des Herrn Dr. Moriz Ritter von Schreiner, Vertreters des hohen steiermärkischen Landesausschusses, und in Anwesenheit des k. k. Universitätsprofessors Herrn Dr. Franz Krones Ritter von Marchland, des k. k. Landesschulinspectors Herrn Dr. Johann Zindler, des Directors und mehrerer Professoren vom Professor Dr. Franz Mayer mit den nachbenannten Schülern der IV. Classe abgehalten: Archer Hubert, Fraidl Ignaz, Heschl Robert, Klinzer Max, Nagy Leo, Pichler Franz, Simml Johann, Wagner Max und Žižek Franz. Sämmtliche Schüler legten ganz tüchtige Kenntnisse in der Geographie und Geschichte der Steiermark dar. Besonders hervorragend waren die Leistungen der Schüler: Heschl Robert, Žižek Franz und Fraidl Ignaz, welchen die drei silbernen Preismedaillen zuerkannt wurden. Nach der Vertheilung der Preise hielt der Herr Vorsitzende eine dem Anlasse entsprechende Anrede an die Schüler, in welcher er dieselben in herzgewinnender Weise zu fernerem Studium der vaterländischen Geschichte und zur Liebe und treuen Anhänglichkeit an das angestammte Herrscherhaus aufforderte.

X. Chronik des Gymnasiums.

1888.

Am 15., 17. und 18. September fanden die Aufnahms-, Wiederholungs- und Nachtragsprüfungen statt.

Am 18. September wurde das Schuljahr mit dem „Veni sancte“ und einem feierlichen Hochamte, dem der gesammte Lehrkörper und die katholischen Schüler des Gymnasiums beiwohnten, eröffnet.

Am 19. September begann der regelmäßige Unterricht; auch fand an diesem Tage die Maturitätsprüfung für den Herbsttermin statt (siehe oben VIII).

Am 4. October wurde zur Feier des Allerhöchsten Namensfestes Sr. Majestät des Kaisers Franz Joseph I. in der Pauluskirche ein feierliches Hochamt mit „Te Deum“ abgehalten, welchem der gesammte Lehrkörper und die katholischen Schüler der Anstalt beiwohnten; ersterer wohnte auch dem aus diesem Anlasse in der Hof- und Domkirche veranstalteten feierlichen Gottesdienste bei.

Am 15. und 16. October empfiengen die katholischen Schüler des Untergymnasiums, am 17. und 18. October die des Obergymnasiums die heiligen Sacramente der Buße und des Altars.

Am 19. November wurde zur Feier des Allerhöchsten Namensfestes Ihrer Majestät der Kaiserin Elisabeth in der Pauluskirche ein feierliches Hochamt abgehalten, welchem der gesammte Lehrkörper und die katholischen Schüler der Anstalt beiwohnten. Dabei brachte der Sängerchor des hiesigen fürstbischöflichen Knabenseminars unter der Leitung des hochwürdigen Herrn Johann Haimásy die Messe von Franz Witt in sehr gelungener Weise zur Aufführung.

Am 2. December beabsichtigte die Lehranstalt anlässlich des vierzigjährigen Regierungsjubiläums Sr. k. und k. Apostolischen Majestät, unseres Allergnädigsten Kaisers Franz Joseph I., eine Festfeier zu veranstalten. Nachdem jedoch der Herr Minister-Präsident als Leiter des Ministeriums des Innern mit dem Erlasse vom 31. October 1888 eröffnet hatte, dass es der ausdrückliche Allerhöchste Wille Sr. Majestät sei, dass am 2. December als dem Gedenktage der Allerhöchsten Thronbesteigung jede officielle kirchliche Feierlichkeit, sowie auch jede wie immer beschaffene, mit Auslagen verbundene festliche Veranstaltung und nicht minder jede Art von Beglückwünschung unterbleibe, so musste die für den 2. December in Aussicht genommene Schulfeier unterbleiben und es wurde bloß in Gemäßheit der vom Herrn Minister für Cultus und Unterricht mit dem Erlasse vom 7. November 1888 getroffenen Anordnung der 3. December freigegeben. Aus Anlass des Regierungsjubiläums Sr. Majestät des Kaisers hatte der Herr Oberbaurath Friedrich August von Stache mehrere hundert Exemplare des von ihm verfassten „Schatzkästlein der Kunst“ zur Vertheilung an würdige Schüler der steiermärkischen Mittelschulen gespendet. Von diesem Werkchen wurden der Lehranstalt vom k. k. steiermärkischen Landesschulrathe 63 Exemplare zugemittelt, welche am 4. December unter die Schüler, die im vorigen Schuljahre die erste Fortgangsclasse mit Vorzug erhalten hatten, vertheilt wurden.

Am 15. December fand die 35. Jahresversammlung des Studenten-Unterstützungsvereines statt.

Am 21. December giengen drei Schüler zum erstenmale zur heiligen Beicht, nachdem sie vom Herrn Professor Dr. Josef Stary hiezu eigens vorbereitet worden waren.

1889.

Der 30. Jänner brachte die erschütternde Trauerkunde, dass der einzige Sohn unseres erhabenen Monarchen,

Se. kaiserliche und königliche Hoheit

der durchlauchtigste

Kronprinz Erzherzog Rudolf

an diesem Tage in Meierling bei Baden in Niederösterreich verschieden sei.

R. I. P.

Unsäglich war der Schmerz, welcher die Herzen der Völker Österreichs infolge dieser Trauernachricht erfüllte, tief und ungeheuchelt das Beileid, welches von denselben Sr. Majestät, dem geliebten Kaiser und Ihrer k. und k. Hoheit der durchlauchtigsten Frau Kronprinzessin-Witwe Erzherzogin Stephanie in tiefster Ehrfurcht entgegengebracht wurde. Auch die hiesige Lehranstalt betheiligte sich an diesen allgemeinen Kundgebungen der Trauer und des Beileides, einerseits durch Widmung eines Kranzes, welchen die Gymnasialschüler an dem Sarge weiland Sr. k. und k. Hoheit des durchlauchtigsten Kronprinzen, zu welchem sie stets als zu einem leuchtenden Vorbilde unermüdeten, wissenschaftlichen Strebens und Wirkens emporzublicken gewohnt waren, niederlegen ließen und andererseits dadurch, dass sich der Director im Vereine mit den Vertretern der übrigen staatlichen Mittelschulen in Graz am 1. Februar zu Se. Excellenz dem Herrn Statthalter Guido Freiherrn von Kübeck begab, um denselben zu bitten, das tiefgefühlte Beileid der Anstalt Allerhöchsten Ortes zum Ausdrucke zu bringen. Infolge der bezüglichen Weisung des Herrn Ministers für Cultus und Unterricht wurde sodann am Dienstag, den 5. Februar, als dem Tage des Leichenbegängnisses Sr. k. und k. Hoheit des Kronprinzen Erzherzogs Rudolf der Unterricht eingestellt und am 7. Februar in der Pauluskirche für Höchstdenselben ein feierliches Requiem abgehalten, welchem der gesammte Lehrkörper und die katholischen Schüler der Anstalt beiwohnten.

Mit Bezug auf diese Beileidskundgebungen der Anstalt wurde von Sr. Excellenz dem Herrn Statthalter von Steiermark eine Ausfertigung der Allerhöchsten Ansprache unseres Allergnädigsten Monarchen „An meine Völker“ vom 5. Februar 1889, sowie des diese Ansprache begleitenden Allerhöchsten Handschreibens der Direction zugemittelt zugleich mit dem Auftrage, die Allerhöchste Ansprache und das Allerhöchste Handschreiben im Hinblicke auf die von den Schülern der Anstalt durch Widmung eines Kranzes für weiland Sr. k. und k. Hoheit den durchlauchtigsten Kronprinzen dargebrachte Loyalitätskundgebung auch in den einzelnen Classen zur Vorlesung zu bringen, welchem hohen Auftrage die Direction am 13. Februar nachkam. Am 18. Februar erhielt dieselbe vom Obersthofmeister Ihrer k. und k. Hoheit der durchlauchtigsten Frau Kronprinzessin-Witwe Erzherzogin Stephanie ein Schreiben, in welchem im Auftrage Ihrer k. und k. Hoheit der durchlauchtigsten Frau Kronprinzessin-Witwe der Direction für die erwiesene Theilnahme anlässlich des schweren Schicksalsschlages, der Höchst sie getroffen, sowie für den weiland Sr. k. und k. Hoheit dem durchlauchtigsten Kronprinzen Erzherzog Rudolf gewidmeten Kranz der wärmste Dank ausgesprochen wurde.

Am 9. Februar wurde das I. Semester geschlossen, am 13. Februar das II. begonnen.

Am 26. und 27. März wurden für die katholischen Schüler des Ober Gymnasiums, am 29. und 30. März für die des Unter Gymnasiums die österlichen Exercitien abgehalten.

Am 12. Mai giengen 28 Schüler, welche dazu eigens vom Herrn Religionsprofessor Dr. Josef Stary vorbereitet worden waren, zum erstenmal zur heil. Communion. Bei dieser Feier, zu deren Hebung die Eltern der Communicanten durch ihre Anwesenheit wesentlich beitrugen, brachte der Gymnasial Sängerchor unter der vorzüglichen Leitung des Herrn Gesanglehrers Leopold Wegschaider eine sehr schöne Vocal-Festmesse zur Aufführung.

Am 9., 10. und 11. Juni empfiengen 71 Schüler das heil. Sacrament der Firmung, nachdem dieselben vom Herrn Religionsprofessor Dr. Josef Stary hiezu durch einen besonderen Unterricht vorbereitet worden waren.

Am 12. Juni starb der brave und fleißige Schüler der III. Classe Emil Ritter von Ferro nach längerem Leiden und wurde am 14. Juni von seinen Eltern, Verwandten, Lehrern und Mitschülern zu Grabe geleitet. R. i. p.

Am 16. Juni nahmen die katholischen Gymnasialschüler an der Votivprocession zur Dreifaltigkeitssäule und am 20. Juni an der Frohnleichnamsprocession theil.

Am 25. und 26. Juni empfiengen die katholischen Schüler des Obergymnasiums, am 26. und 27. Juni die katholischen Schüler des Untergymnasiums die heil. Sacramente der Buße und des Altars.

Am 28. Juni wohnte der Director mit mehreren Mitgliedern des Lehrkörpers dem in der hiesigen Hof- und Domkirche abgehaltenen Trauergottesdienste für weiland Sr. Majestät Kaiser Ferdinand I. bei.

Am 6. Juli wurde das Schuljahr mit einem feierlichen Hochamte, welches der hochw. Herr Prälat und Domcustos Monsignore Dr. Alois Hebenstreit in der Domkirche celebrierte, und mit dem Te Deum, nach welchem die Volkshymne gesungen wurde, geschlossen. Nach dem Dankamte fand die Vertheilung der Zeugnisse statt. — Am 8. Juli: Beginn der mündlichen Maturitätsprüfung.

XI. Verein zur Unterstützung würdiger Schüler der Anstalt.

A. Bericht über die am 15. December 1888 abgehaltene 35. Jahresversammlung.

Der Vorsitzende, Gymnasial-Director Schulrath Dr. Ferdinand Maurer, begrüßte die Anwesenden und entwarf ein Bild der Thätigkeit des Vereines im abgelaufenen Vereinsjahre. Die Spenden zahlreicher Gönner und Wohlthäter, sowie der Schüler der Anstalt, welche, von echtem Wohlthätigkeitssinne, der Frucht des Religions-Unterrichtes, beseelt, einen bedeutenden Betrag sammelten, setzten den Ausschuss instand, 96 Schüler mit Büchern, Kleidern, durch Kostbeiträge und Krankheitsaushilfen zu unterstützen. Der Cassier, Prof. Dr. Josef Stary, verlas hierauf die Jahresrechnung, welche unten mitgetheilt wird. Nachdem die Versammlung dem Cassier das Absolutorium ertheilt, stellte Herr Major Ignaz Wolf Edler von Glanwell folgende drei Anträge: 1. Es soll das in der Sparcasse liegende Stammvermögen in mehr Zins tragenden, sicheren Wertpapieren angelegt; 2. die Schüler der Anstalt sollen bei Beginn jedes Semesters verständigt werden, dass sie zu jeder Zeit Beiträge dem Herrn Director oder dem Herrn Cassier übergeben können; 3. der Jahresbericht sammt dem Verzeichnisse der Spender soll in Druck gelegt und den Mitgliedern des Vereines sowie jenen, welche in früheren Jahren dem Vereine Beiträge zuwendeten, zugeschickt werden. Nach kurzer Debatte wurde bezüglich des ersten Antrages beschlossen, Herr Schulrath Dr. Maurer solle sich wegen Ankaufes von Papieren an geeigneter Stelle erkundigen und darüber in einer Ausschuss-Sitzung referieren. Die andern zwei Anträge wurden einstimmig angenommen.

Nach den Statuten hatten die Ausschüsse Herr Prälat und Dom-Custos Dr. Hebenstreit, Major Wolf v. Glanwell und Prof. G. Mitterstiller auszuscheiden. Über Antrag des Herrn Schulrathes Dr. Maurer wurden sie per Acclamation wiedergewählt. Dann sprach die Versammlung auf den Antrag des Herrn Majors Wolf v. Glanwell dem Ausschusse den Dank für sein unermüdliches Wirken aus. Endlich dankte der Präses Dr. Maurer im Namen der unterstützten Schüler allen Gönnern des Vereines, vor allen dem Römischen Grafen Leopold Freiherrn von Lilienthal, der Direction der Steiermärkischen Sparcasse, Herrn Dr. Ludwig Hoffer Edlen von Sulmthal, der unentgeltlich ärztlichen Rath ertheilte, den Redactionen der ‚Grazer Morgenpost‘, der ‚Tagespost‘ und des ‚Volksblatt‘, welche bereitwilligst und ohne Entschädigung die Verlautbarungen des Vereines in ihre Spalten aufnahmen, endlich den Eltern der Schüler, welche es diesen ermöglichten, dem Zuge ihres Herzens zu folgen und zur Linderung der Noth ihrer armen Mitschüler beizutragen. Schließlich fügte der Präses die Bitte bei, die Gönner und Freunde möchten auch in diesem neuen Vereinsjahre dem Vereine das gleiche Wohlwollen bewahren.

Special-Ausweis.

Cassastand.

1. aus dem Activreste vom Jahre 1886/87, nämlich:	
a) Wertpapiere:	
α) 1 Stück Papier-Rente	1000 fl. — kr.
β) 2 Stück 1860er Fünftel-Lose à 100 fl.	200 „ — „
γ) 2 Stück Papier-Rente à 100 fl.	200 „ — „
δ) 1 Stück Nordwestbahn-Actie zu 200 fl.	200 „ — „
ε) 3 Stück Papier-Rente à 100 fl., Legat des verstorbenen Schülers Rudolf Rohrhofer	300 „ — „
ζ) Peinlich-Stiftung	400 „ — „
Zusammen	2300 fl. — kr.
b) Bargeld:	
α) neun Sparcassebüchel sammt Zinsen lautend auf	4666 fl. 02 kr.
β) ein barer Cassarest von	541 „ 17 „
Zusammen	5207 fl. 19 kr.
2. Der Empfang im Jahre 1887/88 betrug:	
a) Beiträge der Mitglieder und Gönner	634 fl. 10 kr.
b) Beiträge der Schüler	365 „ 45 „
c) Ertrag von Coupons der Papier-Effecten	95 „ 80 „
d) Zinsen für zeitweilige Einlagen in die Sparcasse	12 „ 24 „
Zusammen	1107 fl. 59 kr.
Somit betrug der gesammte Empfang in Wertpapieren, Nennwert	2300 fl. — kr.
in Bargeld	6314 „ 78 „
Die Ausgaben für 96 Schüler, welche Unterstützung erhielten, betrugen:	
a) für Kleidung und Beschuhung	1191 fl. — kr.
b) für Geldaushilfen	41 „ — „
c) für Bücher	25 „ 21 „
d) für Apotheken-Conto	1 „ 64 „
e) die Peinlich-Stiftung erhielt Zechner Franz aus der VII. B-Classe	16 „ 80 „
f) für Regie-Auslagen	28 „ 33 „
Zusammen	1303 fl. 98 kr.
Somit wurde der Barbestand der Casse vermindert um	1303 „ 98 „
welches vom Gesammt-Empfange abgezogen einen Activrest ergibt:	
a) an Wertpapieren	2300 fl. — kr.
b) an Bargeld (Stamm-Capital)	4666 „ 02 „
c) an barem Cassareste pro 1888/9	344 „ 78 „
d) an vorgeschriebenen Zinsen bis 1. Jänner 1889	237 „ 05 „

B. Beiträge.

a) Legat von Frau Bullmann nach Abzug der Gebüren 442 fl. 50 kr.

b) Steiermärkische Sparcasse 200 fl.

c) von Mitgliedern und Gönnern spendeten: α) Die P. T. Herren: Baron Leop. v. Lilienthal, Röm. Graf, Inhaber hoher Orden 100 fl.; Ignaz Frickher, pens. Sparcasse-Cassier 20 fl.; Fürstbischof Dr Josef Kahn 15 fl. 10 kr.; Karl Hartner, f.-b. geistl. Rath, Stadtpfarrer von St. Leonhard 10 fl.; Dr. Franz R. v. Močnik, k. k. Schulrath 10 fl.; Graf Joh. Nep. Gleispach,

k. k. Landes-Gerichts-Präsident 10 fl.; Dr. Joh. Ritter v. Koch, k. k. Univ. Prof. a. D. 10 fl.; Director des Marien-Institutes 10 fl.; Willibald Kohatschek, k. k. Professor 8 fl.; Dr. Franz Klinger, k. k. Universitäts-Professor 6 fl.; Monsignore Joh. Karlon, Chef-Redacteur 5 fl.; Wolf Edler von Glanvell, k. k. Major a. D. 5 fl.; P. Daniel Ronnegg, Procurator im Minoriten-Kloster 5 fl.; Dr. Roman Divink, Werksarzt in Zeltweg 5 fl.; R. v. Polzer Alfred, Privatier 5 fl.; R. v. Fröhlichsthal Victor, k. k. Rittmeister a. D. 5 fl.; Dr. Heinrich Baumgartner, Professor 5 fl.; Prälat Dr. Alois Hebenstreit, infül. Domdechant und Dompfarrer 5 fl.; Anton Griessl, Domcapitular und Director des Priesterhauses 5 fl.; Johann Baptist Legat, Canonicus-Senior, Vorstand der Diöcesan-Buchhaltung 5 fl.; Dr. Matthias Robitsch, emer. k. k. Universitäts-Professor, Ehrendomherr 5 fl.; Dr. Franz Frankl, k. k. Universitäts-Professor 5 fl.; Josef Stradner, Seminar-Director 5 fl.; R. v. Weiss Schleussenburg, k. k. General-Major a. D. 5 fl.; Dr. Ferdinand Maurer, k. k. Schulrath, Gymnasial-Director 5 fl.; Rudolf Casper, k. k. Gymnasial-Professor 5 fl.; Dr. Josef Stary, k. k. Gymnasial-Professor 5 fl.; Josef Frühwirth, Domcapitular 3 fl.; Prälat Dr. Eduard Trummer, infül. Dompropst 2 fl.; Dr. Rudolf Ritter von Scherer, k. k. Universitäts-Professor 2 fl.; Johann Grans, f. b. geistl. Rath, k. k. Conservator 2 fl.; Dr. Johann Koch, k. k. Professor 2 fl.; Josef Zaplotal, Chef-Redacteur 2 fl.; A. v. P. 2 fl.; Trigler Franz, Privat 2 fl.; Franz Scholz, Instituts-Director 2 fl.; Dr. Anton Ausserer, k. k. Gymnasial-Professor 2 fl.; Dr. Franz Mayer, k. k. Gymnasial-Professor 2 fl.; Franz Korp, k. k. Gymnasial-Professor 2 fl.; Dr. Franz Standfest, k. k. Gymnasial-Professor 2 fl.; Adam Wapienik, k. k. Gymnasial-Professor 2 fl.; Albin Nager, k. k. Gymnasial-Professor 2 fl.; Gabriel Mitterstiller, k. k. Gymnasial-Professor 2 fl.; Dr. Anton Mayr, k. k. Gymnasial-Professor 2 fl.; Dr. Johann Weiß, Domvicar und Supplent der Religionslehre 2 fl.; Dr. Otto Adamek, k. k. Gymnasial-Professor 2 fl.; Dr. Freiherr von Oer, f.-b. Hofkaplan 2 fl.; Dr. Johann König, k. k. Gymnasial-Professor 2 fl.; Adalbert Schmid, Spiritual, Ehrendomherr 1 fl.; Ludwig Ritter von Kurz zu Thurn und Goldenstein, k. k. Professor 1 fl.; Franz Hubad, k. k. Professor 1 fl.; Anton Neumann, k. k. Professor 1 fl.; — β) Die Frauen: Katharina Englhofer, Private 10 fl.; Fanni zur Helle 5 fl.; Baronin Spieglfeld 3 fl.; Pauline Grabner 2 fl. 50 kr.; Fräulein Antonie Hein 2 fl. 50 kr.

d) Beiträge von Seite der Gymnasial-Schüler im Schuljahre 1889: VIII*a*: 35 fl.; VIII*b*: 75 fl.; VII*a*: 18 fl.; VII*b*: 17 fl.; VI*a*: 9 fl.; VI*b*: 10 fl.; V*a*: 21 fl.; V*b*: 23 fl. 80 kr.; IV*a*: 20 fl. 50 kr.; IV*b*: 31 fl. 50 kr.; III*a*: 36 fl. 80 kr.; III*b*: 23 fl. 40 kr.; II*a*: 27 fl.; II*b*: 15 fl.; I*a*: 37 fl. 90 kr.; I*b*: 34 fl. 10 kr.

Für alle Spenden dankt hiemit der Vereins-Vorstand, besonders dem hochherzigen und großmüthigen Förderer der Vereinszwecke durch so viele Jahre, dem Herrn Leopold Freiherrn von Lilienthal, Römischen Grafen, Inhaber hoher Orden, sowie der Familie Bullmann, der Steiermärkischen Sparcasse und allen jenen P. T. Herren und Frauen, welche dem Vereine ihre liebevolle Theilnahme zuwenden — aber auch jenen Schülern der Lehranstalt, welche in so opferwilliger Weise für ihre gewiss stets dankbar bleibenden Mitschüler so namhafte Spenden dem Vereine übermittelten.

Für alle lebenden und verstorbenen Wohlthäter wurde am 30. Juni beim Gymnasial-Gottesdienste das heil. Messopfer dargebracht.

XII. Verordnungen der Schulbehörden.

a) Kundgemacht im Verordnungsblatte des k. k. Ministeriums für Cultus und Unterricht.

1. Auszug aus dem Gesetze vom 11. April 1889, betreffend die Einführung eines neuen Wehrgesetzes: § 25. Die Begünstigung des einjährigen Präsenzdienstes im Soldatenstande des Heeres und der Landwehr erlangen ohne Rücksicht, ob die Assentierung freiwillig oder im Wege der Haupt- oder gerechtfertigten Nachstellung erfolgt, diejenigen Inländer, die *a)* spätestens am 1. März jenes Jahres, für welches ihre Stellung erfolgt (d. i. in welchem sie das 21. Lebensjahr vollenden) ein öffentliches oder mit dem Rechte der Öffentlichkeit ausgestattetes inländisches Obergymnasium, eine solche Oberrealschule oder eine diesen gleichgestellte Lehranstalt mit Erfolg absolviert haben; *b)* am 1. März des obgenannten Jahres im letzten Jahrgange einer achtclassigen öffentlichen oder mit dem Rechte der Öffentlichkeit ausgestatteten Mittelschule des Inlandes sich befanden und dieselbe spätestens bis 1. October desselben Jahres mit Erfolg absolviert haben; *c)* bis zum 1. März des obgenannten Jahres eine Prüfung

vor einer hiezu bestellten gemischten Commission mit entsprechendem Erfolge abgelegt haben.

2. Auszug aus der Verordnung des Ministeriums für Landesvertheidigung vom 15. April 1889 zur Durchführung des Gesetzes vom 11. April 1889: § 63, 3. Stellungspflichtigen, welche sich am 1. März jenes Jahres, für welches ihre Stellung erfolgt, im letzten Jahrgange einer achtclassigen öffentlichen Mittelschule des Inlandes oder einer dieser gleichgestellten Lehranstalten befinden und assentiert werden, wird die Begünstigung des einjährigen Präsenzdienstes nachträglich zuerkannt, wenn sie den Anspruch bei der Hauptstellung angemeldet und spätestens bis 1. October desselben Jahres ihre Studien mit Erfolg absolviert haben. Die Zuerkennung dieser Begünstigung kann nur nach Beibringung des durch die Vollendung der Studien erlangten Nachweises der wissenschaftlichen Befähigung erfolgen.

b) Mitgetheilt oder erlassen vom k. k. steiermärkischen Landesschulrathe

1. Auszug aus der Verordnung des k. k. Landesschulrathes vom 5. August 1888 zur Hintanhaltung der Verbreitung ansteckender Krankheiten in den Schulen: § 2. Jeder Schüler, der an einer ansteckenden Krankheit, als: Blattern, Scharlach, Masern, Diphtherie, Keuchhusten, Typhus, Cholera, Ruhr, ansteckender Augenentzündung, Mumps u. s. w. leidet, ist vom Schulbesuche auszuschließen. Jeder Lehrer ist berechtigt, jeden kranken oder der Erkrankung verdächtigen Schüler sofort aus dem Schulzimmer zu entfernen unter gleichzeitiger Anzeige an den Schulleiter. — § 3. Selbst gesunde Schüler sind von dem Besuche der Schule auszuschließen, wenn in den Familien oder Haushaltungen, denen sie angehören, ein Fall von Blattern, Scharlach, Masern, Diphterie, Keuchhusten, Ruhr oder Cholera vorkommt. — § 4. Der Wiedereintritt der gemäß § 2 und 3 vom Schulbesuche ausgeschlossenen Kinder kann erst wieder erfolgen, wenn laut ärztlichen Zeugnisses jede Ansteckungsgefahr beseitigt ist. In jenen Fällen, wo ein ärztliches Zeugnis durchaus nicht beschafft werden kann, kann der Wiedereintritt dieser Kinder nur dann gestattet werden, wenn vom Tage der Erkrankung bei Blattern, Scharlach und Keuchhusten sechs Wochen, und bei Masern und Diphtherie vier Wochen verflossen sind, und überdies in den Fällen des § 2 an dem Kinde keine krankhaften Erscheinungen mehr bemerkbar sind. — § 14. Den Schülern ist das Betreten von Wohnungen, wo ansteckende Krankheiten herrschen, strengstens zu verbieten. Die corporative Betheiligung derselben an den Leichenbegängnissen von Personen, welche an einer der im § 3 bezeichneten Krankheiten gestorben sind, ist unbedingt untersagt.

2. Erlass vom 22. Jänner 1889, Z. 282, womit infolge Erlasses des Herrn Ministers für Cultus und Unterricht vom 31. December 1888, Z. 26010, auf das Erscheinen der „Geschichte des Militär-Maria-Theresiens-Ordens seit 1850“ aufmerksam gemacht wird.

3. Erlass vom 19. April 1889, Z. 2202, womit mitgetheilt wird, dass mit Genehmigung des Herrn Ministers für Cultus und Unterricht durch Erlass vom 3. April 1889, Z. 5367, die bisher am I. Staats-Gymnasium bestehenden Parallelclassen zur V., VI. und VII. Classe im Schuljahre 1889/90 dem II. Staats-Gymnasium angefügt werden; jenen Schülern des I. Staats-Gymnasiums, welche infolgedessen an das II. Staats-Gymnasium abgegeben werden, ist die Entrichtung der Aufnahmstaxe an der neuen Anstalt zu erlassen. Für das Schuljahr 1889/90 werden die Professoren des I. Staats-Gymnasiums Rudolf Casper, Dr. Hans König und Johann Reis, sowie der Supplent Franz Schwenk dem II. Staats-Gymnasium zur Dienstleistung zugewiesen.

4. Erlass vom 3. Juni 1889, Z. 3257, womit mitgetheilt wird, dass infolge Erlasses des Herrn Ministers für Cultus und Unterricht vom 25. Mai l. J., Z. 10127, Schüler, welche bei der Aufnahmsprüfung für die I. Classe einer Mittelschule nicht entsprochen haben und infolge dessen ins Privatstudium zurückgetreten sind, am Beginne des nächstfolgenden Schuljahres der Aufnahmsprüfung für die II. Classe der Mittelschule unterzogen werden können.

5. Erlass vom 3. Juni 1889, Z. 3270, womit mitgetheilt wird, dass der Herr Minister für Cultus und Unterricht mit dem hohen Erlasse vom 4. Mai 1889, Z. 24677 ex 1888 angeordnet habe, dass in allen für staatliche Unterrichtsanstalten benützten Gebäuden, seien diese eigentliche Ärarial- und Fondsgebäude oder für Unterrichtszwecke gemietete oder gewidmete Gebäude, das Halten von Kostzöglingen in den dem Dienerpersonale angewiesenen Naturalwohnungen in der Regel nicht zugelassen werde.

XIII. Alphabetisches Verzeichniss sämmtlicher Schüler am Schlusse des II. Semesters.

(Die Namen der Vorzugsschüler sind mit fetter Schrift gedruckt.)

I. Classe *a*.

1. Adlassnig Adolf.
2. Ameseder Rudolf.
3. Bajardi Victor.
4. Baldauf Victor.
5. Berger Bruno.
6. Bernhart Ludwig.
7. Dobnigg Karl.
8. Ernst Heinrich.
9. Fachbach Rudolf Edl. v.
10. **Gartler Karl.**
11. Graff Erwin v.
12. Hansa Richard.
13. Hauptmann Franz.
14. Heinreich Matthäus.
15. **Höckner Friedrich.**
16. Hoffer Theodor.
17. Kahn Josef.
18. Kankovszky Alfred.
19. Karnitschnigg Hubert R. v.
20. Klug Franz.
21. Knopp Wilhelm.
22. Koch Alois R. v.
23. Kordin Arthur.
24. Krauth Hermann.
25. Kwětt Alfred.
26. **Lauppert v. Peharnik Erwin.**
27. Lötsch Ludwig.
28. Maresch Wilhelm.
29. **Mauerhofer Anton.**
30. Monschein Otto.
31. Mosdorfer Balthasar.
32. Nedelko Karl.
33. Nickl Gottfried.
34. Oberluggauer Josef.
35. Platzer Franz.
36. Posch Oskar.
37. Richter Julius.
38. Rosenstein Franz.
39. Rosenthal August.
40. Sadnik Rudolf.
41. Šafařovič Karl
42. Schaffer Victor.
43. Schlacher Johann.
44. Schmoczer v. Meczenzéf Karl.
45. Schobert Richard.
46. **Schröder Alexander.**
47. Schwarz Ferdinand.
48. Seewann Friedrich.
49. Seisser Adolf.
50. Stary Max.
51. Steiner Ernst.
52. Strohal Walther.
53. Thun-Hohenstein Emerich Graf v.
54. Weiß Friedrich.
55. Wohlandt Karl.
56. Zacharias Emil.

Privatist:

Attems Victor Graf v.

I. Classe *b*.

1. Adlmann Anton.
2. Baumer Josef.
3. **Berger Friedrich.**
4. Bračko Theodor.
5. Brougier Rudolf.
6. Dickreitter Ignaz.
7. **Domberger Johann.**
8. Ecker v. Eckhofen Otto Freih. v.
9. **Ferber Leopold.**
10. Fossel Karl.
11. Gaischeg Richard.
12. Gross Anton.
13. Hauber Leopold.
14. Heinbach Emil Freih. v.
15. Heinbach Wilhelm Freiherr v.
16. Helmberger Alois.
17. Höpfl Alexander.
18. Hraschan Victor.
19. Hütter Karl.
20. Hussak Albert.
21. Ingruber Otto.
22. Jakič Alexander.
23. Jaksch Rudolf.
24. Knaur Rudolf.
25. Köberl Karl.
26. Kreiner Julius.
27. Krischner Wilhelm.
28. **Lebzeltern Gustav.**
29. Lund Egon R. v.
30. Malina Ferdinand.
31. Marauschek Franz.
32. Marchel Alois.
33. Materna Alois.
34. Möstl Franz.
35. Panazzi Achill.
36. Petrovič Ambros.
37. Poženel Anton.

38. Protmann Karl.
39. Pucher Karl.
40. Rath Johann.
41. Resmann Arnold.
42. Riegerl Karl.
43. Sajiz Max.
44. Schaffernak Anton.
45. Schögler Johann.
46. Schuller Karl.
47. Skala Richard.
48. Spellenberg Robert.
49. Sperat Josef.
50. Steinbeck Otto.
51. Steyrer Ernst.
52. **Szabó Julius v.**
53. Thir Anton.
54. Trnkoczy Victor v.
55. Tscherne Josef.
56. Wirth Konrad.
57. Wohlfahrt Gustav.
58. Wutte Rudolf.
59. Žižek Milko.

Privatisten:

Czernin Rudolf Graf v.
Thun-Hohenstein Constantin Graf v.

II. Classe *a*.

1. Bartels Arthur R. v.
2. Baumgartner Erich.
3. Breschar Rudolf.
4. Bullmann Otto.
5. **Gebhart Josef.**
6. Gergö Emerich.
7. Greistorfer Robert.
8. Hamer Franz.
9. Hauck Ernst.
10. Helmberger Josef.
11. Hinterlechner Albin.
12. Hlatky Arthur.
13. Hordliczka Stanislaus.
14. Hütter Leopold.
15. Jerovšek Leopold.
16. Klöckl Oswald.
17. Kniely Paul.
18. Lautner Heinrich.
19. Loif Franz.
20. Lubec Emil.
21. Machačka Wenzl.
22. Marassovich Gino.
23. Mayer Franz.
24. Mixner Franz.
25. Montel Heinrich.
26. Mondorfer Alois.
27. **Müller Franz.**
28. Oberndorff Karl Graf.
29. Paierl Franz.
30. Pelzel Franz R. v.
31. Rola Erwin.
32. Rosanelli Rudolf.
33. Sahlender Max.
34. Sark Franz.
35. Schlossar Richard.
36. Seiner Franz.
37. Skodler Albert.
38. Speuser Wilhelm.
39. Spindler Cajetan.
40. **Streintz Max.**
41. Streissler Paul.
42. Szabó Alex. R. v.
43. Taubenberg Victor v.
44. Teuber Robert.
45. Wagner Ernst.
46. Weitzer Paul.
47. Wrede Karl Fürst.
48. Zankel Anton.

Privatist:

Hussl Johann.

II. Classe *b*.

1. Berghofer Franz.
2. Czermak Anton.
3. Duka Hans Freih. v.
4. Hoppe Camillo.
5. **Huber Michael.**
6. Jakopp Franz.
7. **Kager Josef.**
8. Kapretz Hugo.
9. Koroschetz Alois.
10. **Kostial Johann.**
11. Kowarschik August.
12. Kulesár Karl.
13. Lenk Wilhelm.
14. Maloier Anton.
15. Mayer Karl.
16. Mohr Alois.
17. Müller Heinrich.
18. Nepel Johann.
19. Ott Anton.
20. Pasch Rudolf Edl. v.
21. **Pirker Johann.**
22. Reibenschuh Friedrich.
23. Resch Ernst.
24. Roth Aurel.
25. Rottenbacher Johann.
26. Rottmayer Hermann.
27. Schager Albin.
28. Schüch Otto Edl. v.
29. Seemann Wilfried.
30. Sellyey Richard.
31. Sieß Hans.
32. Steindorfer Rudolf.
33. Streintz Hermann.
34. **Suppantschitsch Norbert.**
35. Terglav Johann.
36. Thun-Hohenstein Heinrich Graf.
37. Ullmann Florian.
38. Wanz Josef.
39. Wegan Wenzl.
40. Went Karl.
41. Wesp Gustav.
42. **Wolff Arthur.**
43. Žitek Egon.
44. Zsibrita Theodor.

Privatisten:

Hoyos-Wenkheim Philipp Graf v.
Wurmbrand Heinrich Graf v.

III. Classe *a*.

1. Achs Hugo.
2. Aken Arthur Edl. v.
3. Attems Arbogast Graf.
4. Bayer Victor
5. Bock Friedrich.
6. Brandis Ferdinand Graf.
7. Breschar Robert
8. Brettner Sigmund.
9. Burkard Otto.
10. Farber Franz.
11. Fink Julius.
12. Fischer Anton R. v.
13. Fuchs Friedrich.
14. **Glotz Robert R. v.**
15. **Hofer Albert.**
16. **Hoffer Eduard.**
17. **Holzer Karl.**
18. **Kaiserfeld Paul R. v.**
19. Kalss Alfred.
20. Kapretz Johann.
21. Korka Constantin.
22. Lederer Max.
23. Lerider Franz.
24. Morawetz Alfred.
25. Ogriseg Rudolf.
26. Orel Robert.
27. **Reisp Julius.**
28. Sajiz Oskar.
29. Schuch Beno.
30. Schwach Konrad.
31. Streissler Arthur.
32. Weleba Otto.
33. Zistler Gustav.
34. Zaufier Rudolf.
35. **Zwerger Rudolf.**

Privatisten:

Gleispach Wenzeslaus Graf v.
Kosjek Karl Baron.

III. Classe *b*.

1. Bail Oskar.
2. Baron Otto.
3. Bobelka Rudolf.
4. Bruder Karl.
5. Chimani Richard.
6. **Duka Georg Freih. v.**
7. Ferro Franz R. v.
8. Franzl Ernst.
9. Fraulerger Rudolf.
10. Füster Otto.
11. Hanner Karl.
12. Jettmar Richard R. v.
13. **Kallab Wolfgang.**
14. Kellersperg Leo Freih. v.
15. Kollmann Georg.
16. Krainz Josef.
17. Kugler Josef.
18. Kulmer Friedrich Freih. v.
19. **Kunez Victor.**
20. Kundegraber Max.
21. Lukas Alois.
22. Padrett Karl.
23. Paulewicz Max Edl. v.
24. Pichler Johann.
25. Reinert Albert.
26. Schmelzer Oskar.
27. Schroder Karl.
28. Schroder Max.
29. Steinlechner Leo.
30. Stift Franz.
31. Stoschner Franz.
32. Strohmayer Alois.
33. Styblik Gustav.
34. Temmel Victor.
35. **Wagner Johann.**
36. Warnecke Johann.
37. **Winter Friedrich.**
38. Wohnz Karl.
39. Zdiarsky Johann.

Privatisten:

Gross Otto.
Herring Frankensdorf Ernst Baron.

IV. Classe *a*.

1. Andres Max.
2. Angél Karl.
3. Brell Eduard.
4. Czermak Leopold.
5. Czerwenka Julius.
6. Ferro Moriz R. v.
7. Fraidl Ignaz.
8. Gauby Alexander.
9. Haardt Arnold.
10. **Hofmann Max.**
11. Kappel Franz.
12. Klinzer Max.
13. Knapp Rudolf.
14. Kosjek Max.
15. Kraus Cajetan.
16. Krek Gregor.
17. Kundegraber Hermann.
18. Maurer Rudolf.
19. Mayer Rudolf.
20. Nagy Leo.
21. Oberluggauer Anton.
22. Pacher Max.
23. Pinkas Gustav.
24. Potpeschnigg Karl
25. Premer Josef.
26. Reichenauer Oskar.
27. Schadek Arnold.
28. **Schmutz Karl.**
29. **Schönwiese Heinrich.**
30. Seewald Agathon.
31. Sigel Medard.
32. Simml Johann.
33. Sinzinger Franz.
34 Steiner Anton.
35. **Strobl Richard.**
36. Waldmann Felix.
37. Weiss Franz.
38. Wennig Hermann.
39. Went Max.
40. Zelger Karl.
41. Zwirner Johann.

Privatist:

Enzenberg Eberhard Graf v.

IV. Classe *b*.

1. Archer Hubert.
2. Arvay Friedrich.
3. Canstein Robert Freih.
4. Castiglione Heinrich.
5. Coreth v. Coredo Hubert Graf.
6. Chorinsky Heinrich Graf
7. Demetrovics Rudolf.
8. Eizinger Leopold.
9. Gleichweit Hermann.
10. Grabner Franz.
11. Grießer Rudolf.
12. Grimm Hubert v.
13. Heschl Robert.
14. Höller Alfons.
15. Hönigmann Othmar.
16. Hörhager Adolf.
17. Holler Karl.
18. Iberer Richard.
19. Kment Thomas.
20. Komadina Rudolf.
21. Kopetzky Anton.
22. Kreft Leo.
23. Kriebernegg Johann.
24. Nemitz Friedrich.
25. **Novak Hugo.**
26. **Pichler Franz.**
27. Picker Ernst.
28. Picker Rudolf.
29. Pistelič Dusan.
30. Prakisch Raimund.
31. Presinger Alfred.
32. Sajiz Josef.
33. Schlar Anton.
34. Schlögl Josef.
35. Schott Alexander.
36. Schreckenthal Paul.
37. Schreiber Jakob.
38. **Schriell Karl.**
39. **Wagner Max.**
40. Weiß Max.
41. **Žižek Franz.**

Privatist:

Wickenburg Rudolf Graf v.

V. Classe *a*.

1. Baumgartner Eugen.
2. Beil Franz.
3. Blaschke Wilhelm.
4. Castelliz Alfons.
5. Dunkl Karl.
6. Faidiga Guido.
7. Fongarolli Karl.
8. Frodl Karl.
9. **Gargitter Eduard.**
10. Haim Josef.
11. Herold Ferdinand.
12. Herzl Leo.
13. Hoffmann Heinrich.
14. **Hradetzky Franz.**
15. **Huber Adolf.**
16. Jettmar Friedrich R. v.
17. Kahr Karl.
18. König Eduard.
19. Kurtz Alfred.
20. Lešák Josef.
21. Mahorcig Josef.
22. Mara Julius
23. Resch Ottokar.
24. Ringl Ernst.
25. Rosenberger Lorenz.
26. Schlosser Felix.
27. Schuch Julius.
28. Schuch Max.
29. Seewald Wilhelm R. v.
30. Sigmund August.
31. Stampfel Ludwig.
32. **Strohal Emil.**
33. **Strohmayer Rupert.**
34. Tesimaier Friedrich.
35. Tomschitz Walther.
36. Torggler Anton.
37. Trojatczek Hugo.
38. Ussar Alexander.
39. Wolff Friedrich.

V. Classe *b*.

1. Brusselle Felix Baron.
2. Eberle Oscar.
3. Fastl Felix.
4. Friedl Franz.
5. Funder Friedrich.
6. Gangl Florian.
7. Hechar Libertus
8. **Hofer Philipp.**
9. Hoyos Max Graf.
10. Hügel Paul Graf.
11. Hyden Pantaleon.
12. Klampfl Franz.
13. Kotzbeck Alois.
14. Latterer Franz. R. v.
15. Lazarini Pedro, Freih. v.
16. Leeb Franz.
17. **Mayrhofer Adolf.**
18. Metz Friedrich.
19. Muhr Georg.
20. **Pauli Johann.**
21. Pichler Ludwig.
22. Pratter August.
23. Prull Victor.
24. **Puchas Franz.**
25. Riedl Julius.
26. Scharl Josef.
27. Schlegl Florian.
28. Schmölzer Vincenz.
29. Schönhofer Ludwig v.
30. Schwarz Karl.
31. Seidl Johann.
32. Spitzer Alexander.
33. Stattegger Matthias.
34. Steinberger Josef.
35. Sturm Anton.
36. Trenker Johann.
37. Warga Emanuel.
38. Watzdorff Alfred Baron
39. Wieden Karl.

Privatist:
Weissenbach Ernst Freih. v.

VI. Classe *a*.

1. Arvay Rudolf R. v.
2. Braun Josef.
3. Brauner Otto.
4. Breschar Emerich.
5. Ehler Gustav.
6. Fachbach Johann v.
7. Feuerlöscher Sigmund.
8. Fuchs Gilbert.
9. Harter Rudolf.
10. Hauber Alexander.
11. **Helle Felix zur.**
12. Hirsch Egon von.
13. Huber Eduard.
14. Jakopp Raimund.
15. **Junkar Milan.**
16. Kalss Josef.
17. Kordin Oskar.
18. Lederer Robert.
19. Lindl Hans.
20. **Marek Adalbert.**
21. Müller Alois.
22. Müller Karl.
23. Parlesak Josef.
24. Poloni Gabriel.
25. Rosmann Franz.
26. Schickh Robert Edl. v.
27. Schinner Josef.
28. Schmölzer Max.
29. **Sigel Alfred.**
30. Sitzenfrey Anton
31. Stoschier Edmund.
32. Strohmayer Michael.
33. Weberič Alois.

VI. Classe *b*.

1. Bartels Gustav R. v.
2. Blümel Rudolf.
3. Edelsbrunner Josef.
4. Franta Lorenz.
5. Glöcker Othmar.
6. **Gölles Johann.**
7. Herbst Franz.
8. Königsbrunn Max Baron
9. **Kuras Josef.**
10. Leber Paul.
11. Lechner Ignaz.
12. Lorenz Georg.
13. **Lanzer Heinrich.**
14. **Mader Anton.**
15. Mayer Josef.
16. Mussenbichler Georg.
17. Nepel Franz.
18. Possek Richard.
19. Roschger Anton.
20. **Schaffler Matthias.**
21. Schreiber Franz.
22. Schrott Alfons.
23. **Sinschegg Valentin.**
24. Stockert Karl.
25. **Sudi Franz.**
26. Theussl Josef.
27. Tunkl Johann Freih. v.
28. Uhlich Karl.
29. Waczulik Hermann.
30. Weiss v. Schleussenburg Hugo.
31. **Winter Matthäus.**

VII. Classe *a*.

1. Amschl Anton.
2. Bayer Johann
3. Bifeck Josef.
4. Catharin Victor R. v.
5. **Elsendle Alfred.**
6. **Glatz Michael.**
7. Hallavanya v. Radoičić Karl.
8. Hansa Friedrich.
9. **Hartmann Friedrich.**
10. **Hödl Karl.**
11. Hoffern Heribert R. v.
12. Horzer Franz.
13. Kahr Ferdinand.
14. Karnitschnigg Max R. v.
15. **Kielnhofer Josef.**
16. Kiendl Rudolf
17. Kundegraber Franz.
18. Lautner Franz.
19. **Mihelič Anton.**
20. Musger Anton.
21. Neubauer Anton.
22. Perner Johann.
23. **Petry Eugen.**
24. Pitter Rupert.
25. Plankensteiner Karl.
26. Polanezky Gustav.
27. Potzinger Leopold.
28. Prinz Eduard.
29. Probst Matthias.
30. Puchwein Franz.
31. Riedler Julius.
32. **Roschmann Franz.**
33. Winter Johann.

Privatist:
Helly Heinrich R. v.

VII. Classe *b*.

1. Boskovits Otto.
2. Enshrunner Georg.
3. Fränkel Berthold.
4. Höller Balthasar.
5. Jakopp Josef.
6. Jamnik Rudolf.
7. **Kelter Albin.**
8. Kollmaier Johann.
9. Lederer Karl.
10. Marx Adolf.
11. Matzner Erich R. v.
12. **Meran Rudolf Graf.**
13. Misar Wladimir.
14. **Mouschein Karl.**
15. **Neuberger Hermann.**
16. Ortwein Josef.
17. **Pfohl Franz R. v.**
18. Platzer Franz.
19. Possavetz Eugen
20. Romer Kurt.
21. **Rüdt Georg Freih. v.**
22. **Schmid Matthias.**
23. Schwarzenberg Egon
24. Sedlaczek Richard
25. **Streissler Eduard.**
26. Strohl Stephan
27. Walzl Richard
28. Wiltinger Hubert
29. Zoch Gustav.

VIII. Classe *a*.

1. Albrecht Othmar.
2. Attems - Petzenstein Theodor Graf.
3. Bauer Karl.
4. **Breitenberger Johann.**
5. Egger Johann
6. Freismuth Albert.
7. Frölichsthal Victor R. v.
8. Glettler Georg.
9. Greistorfer Johann.
10. Griessl Cajetan.
11. **Herrmann Victor.**
12. Hýp Alois.
13. Kapper Josef.
14. Keller Francis.
15. König Peter.
16. König Theobald.
17. Laquai Alois.
18. Ledenig Adolf.
19. Löffler Heinrich.
20. Luttenberger Alois.
21. Mayer Adolf.
22. Mayer Oskar R. v. Winterhalde.
23. Mayer Victor.
24. Murmayr Max.
25. **Muhry Karl.**
26. Neuhold Franz.
27. Pestinsky Anton.
28. **Riegler Ferdinand.**
29. Rohrbacher Anton.
30. Salburg Theodor Graf.
31. Schleimer Eduard.
32. Schmid Johann.
33. Schmidbauer Karl.
34. Stradner Johann.
35. Strobl Alois.
36. Tröster Anton.
37. Winkler Johann.
38. Wonisch Michael.

VIII. Classe *b*.

1. Bargum Franz.
2. Birnbacher Rudolf.
3. Buchta Wilhelm R. v.
4. Carstanjen Max.
5. Daut Moriz
6. Fürntratt Karl.
7. Götz Otto.
8. Gračner Karl.
9. Hotbauer Karl.
10. Hofer Ignaz.
11. Humpl Rudolf.
12. Klimbacher Camillo.
13. Ledinschegg Cyrillus.
14. Lichtner Gustav.
15. Lippert Victor.
16. **Longin Emil.**
17. Menninger Albert R. v. Lerchenthal.
18. Nadermann Friedrich.
19. **Nekowitsch Leopold.**
20. Pinkas Otto.
21. Polzer Karl R. v.
22. Polzer Lothar R. v.
23. Ringl Friedrich.
24. Rottmayer Wilhelm.
25. Schauenstein Walter.
26. Schrey Edmund Edl. v. Redlwerth.
27. Schwechler Karl.
28. Spöner Alfred v.
29. Stenitzer Richard R. v.
30. Stift Erwin.
31. Till Karl.
32. Wagl Hermann.
33. **Wellspacher Moriz.**
34. Wittemberski Alfons v.
35. **Wolf Victor Edler von Glanvell.**
36. Zechner Franz.
37. Zwiedineck Otto Edl. v. Südenhorst.

XIV. Kundmachung betreffend das Schuljahr 1889/90.

Das Schuljahr 1889/90 wird am 18. September mit einem feierlichen Hochamte in der Pauluskirche eröffnet werden.

Schüler, welche in die erste Classe eintreten wollen, sind von ihren Eltern oder deren Stellvertretern am 16. September von 8—12 Uhr anzumelden und haben gleich bei der Vormerkung die Aufnahmstaxe von 2 fl. 10 kr. und den Lehrmittelbeitrag von 1 fl. zu entrichten. Dieselben müssen das zehnte Lebensjahr entweder bereits zurückgelegt haben oder noch im Jahre 1889 vollenden und sich hierüber durch Beibringung ihres Tauf- oder Geburtsscheines ausweisen; überdies haben diejenigen, welche eine öffentliche Volksschule besuchten, ein Frequentations-Zeugnis beizubringen, welches unter ausdrücklicher Bezeichnung seines Zweckes die Noten aus der Religionslehre, der Unterrichtssprache und dem Rechnen zu enthalten hat. Dieses Frequentations-Zeugnis kann auch durch die an den Volksschulen üblichen „Schul-Nachrichten" ersetzt werden, wenn in denselben sämmtliche Zweige des Sprachunterrichtes unter eine Rubrik „Unterrichtssprache" und ebenso das Rechnen in Verbindung mit geometrischer Formenlehre unter eine Rubrik gebracht und mit je einer Note versehen sind.

Die wirkliche Aufnahme in die erste Classe — sei es als öffentlicher Schüler, oder als Privatist — hängt von dem Erfolge der Aufnahmsprüfung ab, bei welcher folgende Anforderungen gestellt werden: in der Religion jenes Maß von Wissen, welches in den ersten vier Jahrescursen der Volksschule erworben werden kann, Fertigkeit im Lesen und Schreiben der deutschen Sprache und der lateinischen Schrift, Kenntnis der Elemente aus der Formenlehre der deutschen Sprache (insbesondere sichere Kenntnis der Biegung von Haupt-, Eigenschafts-, Für- und Zeitwörtern, beim Zeitworte richtiges und fertiges Erkennen und Bilden der Zeiten, Arten und Formen), Fertigkeit im Analysieren einfacher bekleideter Sätze, Bekanntschaft mit den Regeln der Orthographie und richtige Anwendung derselben beim Dictandoschreiben, Übung in den vier Grundrechnungsarten mit ganzen Zahlen.

Diese Prüfung wird am 16. September um 2 Uhr nachmittags beginnen.

Nichtkatholische Schüler haben bei der Einschreibung ein vom Religionslehrer ihrer Confession ausgestelltes Zeugnis über ihre religiöse Vorbildung vorzulegen.

Diejenigen Schüler, welche auf Grund der im Juli bestandenen Aufnahmsprüfung in die I. Classe aufgenommen wurden, haben erst zu dem am 18. September um 8 Uhr früh in der Pauluskirche stattfindenden feierlichen Hochamte zu erscheinen.

Jene Schüler, welche in eine höhere Classe neu eintreten wollen, sind von ihren Eltern oder deren Stellvertretern am 14. September von 8—11 Uhr anzumelden. Dieselben haben nebst dem Tauf-, bezw. Geburtsscheine alle Semestral-Zeugnisse und den Nachweis der vorschriftsmäßigen Abmeldung von der früheren Anstalt vorzulegen und können nach § 61, 2 des Organisations-Entwurfes auch einer Aufnahmsprüfung, für welche jedoch keine Taxe zu entrichten ist, unterzogen werden.

Jene Schüler, welche in eine höhere Classe aufgenommen werden wollen, jedoch die zur Aufnahme in die betreffende Classe erforderliche Vorbildung durch kein staatsgiltiges Zeugnis nachweisen können, müssen sich gegen Erlag einer Taxe von 12 fl. ö. W. der vorgeschriebenen Aufnahmsprüfung unterziehen. Diese Aufnahmsprüfung findet am 16. September statt.

Jene Schüler der Lehranstalt, denen eine Wiederholungs-, bezw. eine Nachtragsprüfung gestattet worden ist, haben sich am 16. September von 2—3 Uhr in der Directionskanzlei anzumelden und erstere hiebei das Interims-Zeugnis vorzulegen. Die Wiederholungs-, bezw. Nachtragsprüfungen finden am 17. und 18. September statt.

Die Aufnahme der gewesenen Schüler der Lehranstalt, welche keine Wiederholungs-, bezw. Nachtragsprüfung abzulegen haben, erfolgt am 16. und 17. September von 9—12 Uhr. Hiebei hat jeder Schüler das letzte Semestral-Zeugnis, und wenn er von der Entrichtung des Schulgeldes befreit war, auch den Mittellosigkeits-Ausweis abzugeben und den Lehrmittelbeitrag von 1 fl. ö. W. zu entrichten.

Das Schulgeld beträgt halbjährig 20 fl. ö. W. Von der Zahlung desselben können nur solche wahrhaft dürftige Schüler befreit werden, welche im letzten Semester einer Staatsmittelschule als öffentliche Schüler angehört und in den Sitten die Note „lobenswert“ oder „befriedigend“, im Fleiße „ausdauernd“ oder „befriedigend“ und im Fortgange die erste allgemeine Zeugnisclasse erhalten haben. Solche Schüler, welche um die Befreiung des ganzen, bezw. halben Schulgeldes einreichen wollen, haben ihre diesbezüglichen an den hochl. k. k. steiermärkischen Landesschulrath gerichteten Gesuche mit dem letzten Semestral-Zeugnisse und dem Mittellosigkeits-Ausweise, welcher nicht über ein Jahr alt sein darf, gleich bei der Anmeldung vorzulegen. Spätere Gesuche werden nicht mehr angenommen.

Die Zulassung zur Theilnahme am Unterrichte in einem freien Gegenstande wird bei Beginn eines jeden Semesters durch eine Anmeldung beim Classenvorstande angesucht und es bedarf dieselbe der Zustimmung des Vaters oder des gesetzlichen Stellvertreters. Kein Schüler darf den einmal angefangenen Besuch eines freien Lehrgegenstandes ohne ausdrückliche Einwilligung der Eltern oder deren Stellvertreter und Genehmigung des Lehrkörpers vor dem Schlusse des Semesters aufgeben.

Direction des k. k. I. Staats-Gymnasiums.

Graz, am 6. Juli 1889.

Dr. Ferdinand Maurer,
k. k. Schulrath und Director.